Martin Jander
Berlin (DDR)

Martin Jander

Berlin (DDR)

Ein politischer Stadtspaziergang

Ch. Links Verlag, Berlin

Zu den fett gedruckten Orten finden sich am Ende jedes Kapitels
Servicedaten mit Angaben zur genauen Erreichbarkeit,
den Öffnungszeiten und Verkehrsverbindungen.

Die **Deutsche Bibliothek** verzeichnet diese Publikation in der
Deutschen Nationalbibliographie; detaillierte bibliographische Daten
sind im Internet über http://dnb.ddb.de abrufbar.

1. Auflage, März 2003
© Christoph Links Verlag – LinksDruck GmbH
Schönhauser Allee 36, 10435 Berlin, Tel.: (030) 44 02 32-0
Internet: www.linksverlag.de; mail@linksverlag.de
Umschlaggestaltung: KahaneDesign, Berlin,
unter Verwendung eines Fotos von Günter Schneider
Satz und Lithos: LVD GmbH, Berlin
Druck und Bindung: Elbe-Druckerei Wittenberg
ISBN 3-86153-293-X

Inhalt

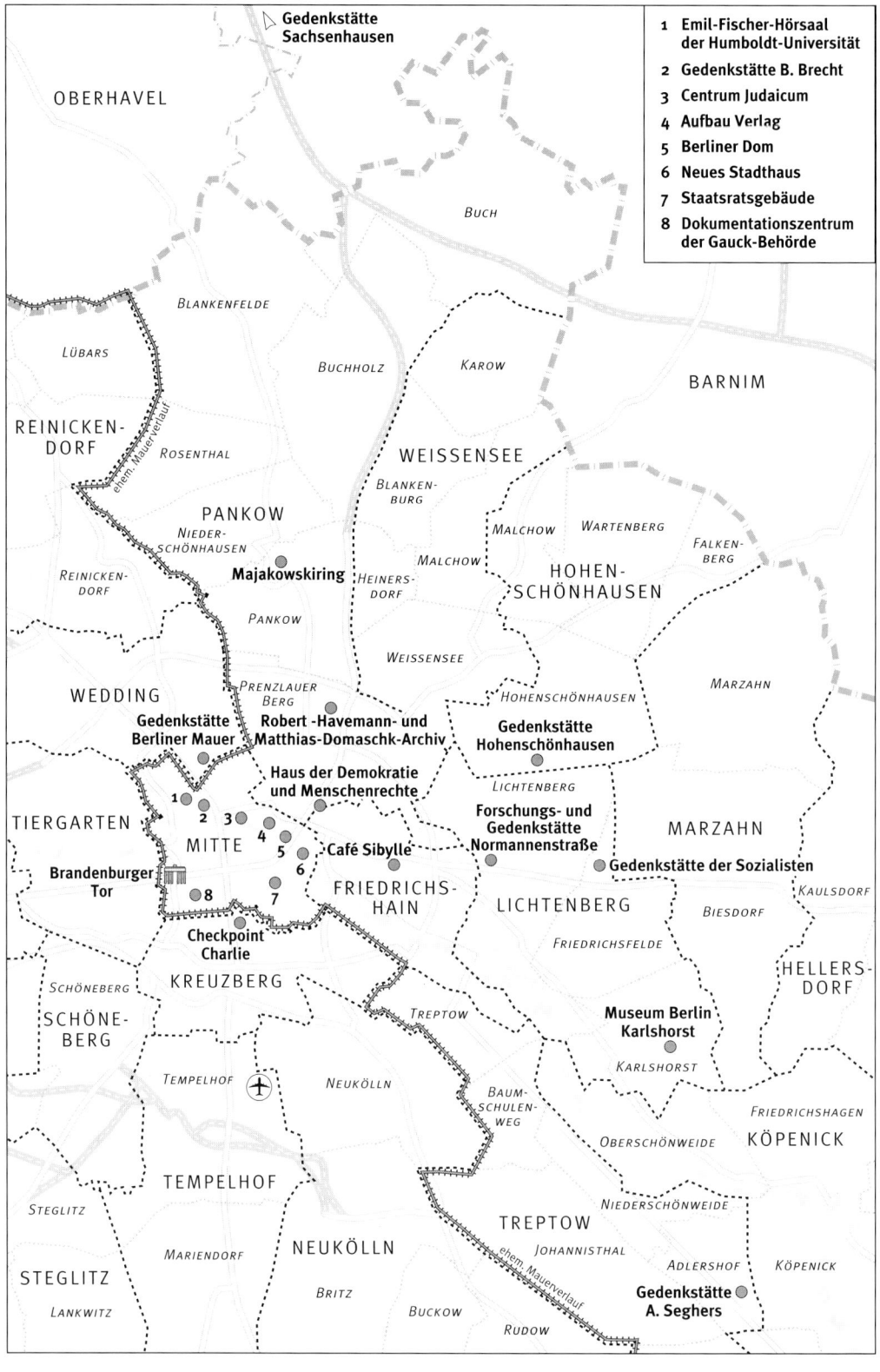

Gedenkstätte
Sachsenhausen

1 Emil-Fischer-Hörsaal
  der Humboldt-Universität
2 Gedenkstätte B. Brecht
3 Centrum Judaicum
4 Aufbau Verlag
5 Berliner Dom
6 Neues Stadthaus
7 Staatsratsgebäude
8 Dokumentationszentrum
  der Gauck-Behörde

OBERHAVEL

BARNIM

BUCH

BLANKENFELDE

LÜBARS

BUCHHOLZ

KAROW

REINICKEN-
DORF

ROSENTHAL

WEISSENSEE

BLANKEN-
BURG

HOHEN-
SCHÖNHAUSEN

FALKEN-
BERG

PANKOW

NIEDER-
SCHÖNHAUSEN

MALCHOW

WARTENBERG

REINICKEN-
DORF

HEINERS-
DORF

MALCHOW

Majakowskiring

PANKOW

WEISSENSEE

MARZAHN

WEDDING

PRENZLAUER
BERG

HOHENSCHÖNHAUSEN

Gedenkstätte
Berliner Mauer

Robert-Havemann- und
Matthias-Domaschk-Archiv

Gedenkstätte
Hohenschönhausen

LICHTENBERG

Haus der Demokratie
und Menschenrechte

TIERGARTEN

1

MITTE

2 3

4

5

Café Sibylle

Forschungs- und
Gedenkstätte
Normannenstraße

MARZAHN

Gedenkstätte der Sozialisten

6

KAULSDORF

Brandenburger
Tor

8

7

FRIEDRICHS-
HAIN

LICHTENBERG

BIESDORF

Checkpoint
Charlie

KREUZBERG

FRIEDRICHSFELDE

HELLERS-
DORF

SCHÖNEBERG

SCHÖNE-
BERG

TEMPELHOF

NEUKÖLLN

TREPTOW

Museum Berlin
Karlshorst

KARLSHORST

BAUM-
SCHULEN-
WEG

FRIEDRICHSHAGEN

OBERSCHÖNWEIDE

KÖPENICK

STEGLITZ

TEMPELHOF

NIEDERSCHÖNWEIDE

STEGLITZ

MARIENDORF

NEUKÖLLN

TREPTOW

JOHANNISTHAL

ADLERSHOF

KÖPENICK

LANKWITZ

BRITZ

BUCKOW

RUDOW

Gedenkstätte
A. Seghers

Berlin (DDR)

Vor 1989 gehörte die Mauer zu Berlin wie der Eiffelturm zu Paris. Heute kann man sich die Teilung der Stadt kaum mehr vorstellen. Mit der Mauer, so scheint es vielen Berlin-Besuchern, ist aus dem Stadtbild auch die DDR verschwunden. Viele Gebäude beherbergen heute andere Institutionen oder sind völlig umgestaltet worden. Nur selten findet sich ein Hinweis auf die Funktion in der DDR-Zeit.

Die DDR ist jedoch aus Berlin nur scheinbar verschwunden. Im Gesicht der neuen Hauptstadt haben alle ihre Spuren hinterlassen: Bismarck, Wilhelm II., Hitler und auch die »roten Preußen« Walter Ulbricht und Erich Honecker. Genauso finden sich die Spuren ihrer Vorbilder, Gegner und Opfer an jeder Ecke: Rosa Luxemburg, Robert Havemann oder der Mauertote Chris Gueffroy. Je länger man durch Berlin läuft, umso besser sieht und begreift man: Die verschiedenen historischen Epochen Deutschlands liegen in der Hauptstadt der neuen Republik eine über der anderen. Die Spuren der DDR sind noch ganz frisch, man muss nur genau hinschauen und sich an die Orte des Geschehens begeben.

Dieses Buch begleitet den Interessierten an all jene Orte in der neuen Hauptstadt, an denen die Geschichte des untergegangenen Staates mit Händen zu greifen ist. Dabei entsteht ein (fast) chronologischer Durchgang durch die Geschichte der Sowjetischen Besatzungszone und der DDR von ihrem Anfang 1945 bis zum Ende 1990. Die ausgewählten Denkorte sollen ein erster Anstoß für eine aktive Auseinandersetzung sein. Deshalb sind, neben den üblichen Servicedaten, auch Literatur-Tipps für die weitere Beschäftigung mit dem Thema angegeben.

Die Auswahl der Orte ist durchaus persönlich geprägt. Ich habe die DDR in den 70er Jahren des letzten Jahrhunderts kennen gelernt. Irgendwann nach der Ausbürgerung Wolf Biermanns befreundete ich mich mit einigen Dissidenten in Ostberlin. Auf Spaziergängen durch die Stadt debattierten wir über neue Literatur, über Dissidenten im Osten und im Westen sowie die politische Geschichte. Dabei haben sie mir ihre Welt erklärt. Diese Begegnungen haben meinen Blick geprägt. Zu besonderem Dank bin ich Andreas Krauß, Edda Fensch und Christoph Links verpflichtet, sie hatten die Idee zu diesem Buch. Mir bot dies die Möglichkeit, an viele Orte nochmals zurückzukehren. Vieles habe ich dabei zum ersten Mal entdeckt.

MARTIN JANDER

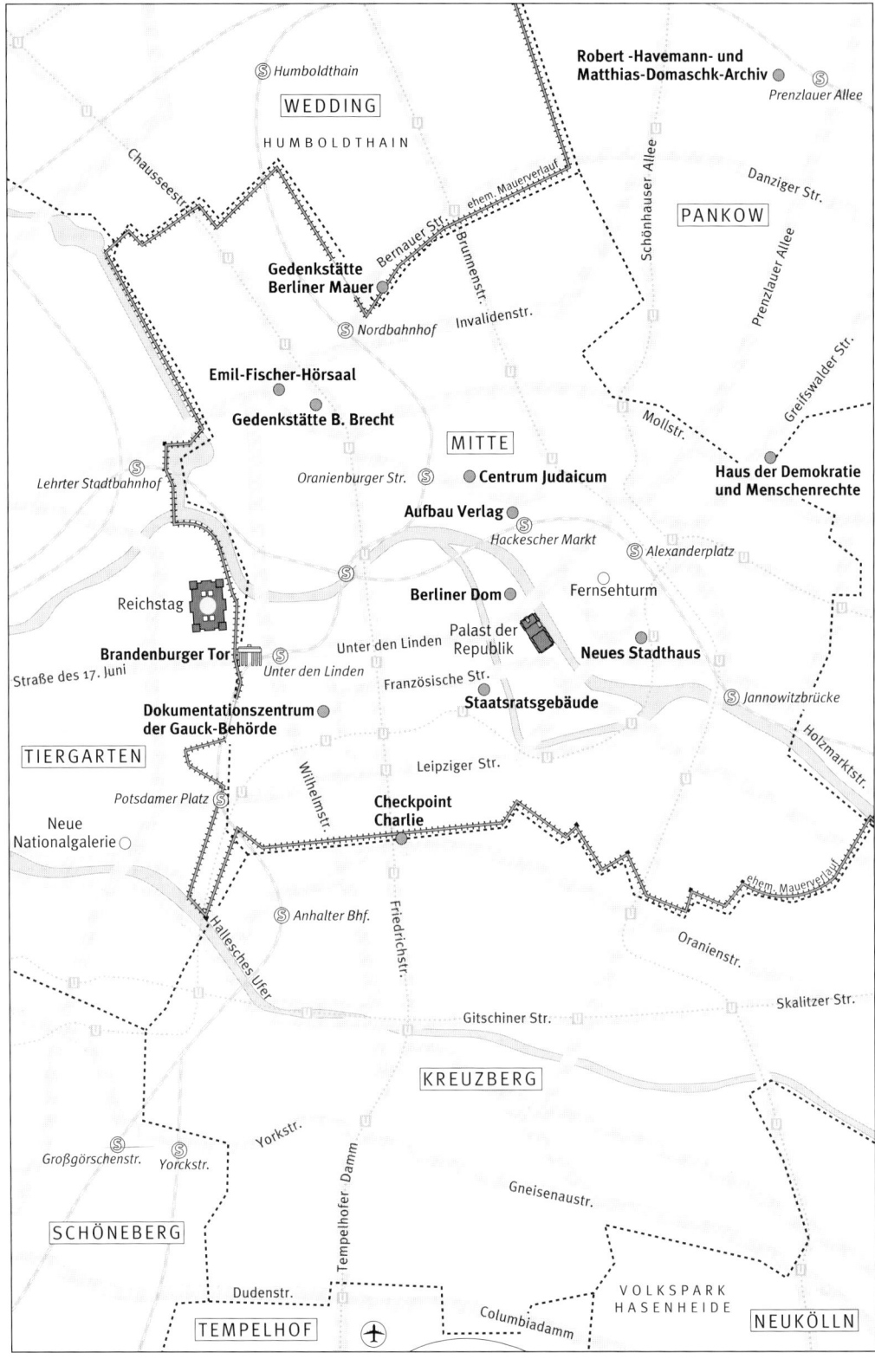

Robert -Havemann- und
Matthias-Domaschk-Archiv
Prenzlauer Allee

Humboldthain

WEDDING

HUMBOLDTHAIN

Chausseestr.

Schönhauser Allee

Danziger Str.

PANKOW

Bernauer Str. *ehem. Mauerverlauf*

Gedenkstätte
Berliner Mauer

Brunnenstr.

Invalidenstr.

Nordbahnhof

Prenzlauer Allee

Greifswalder Str.

Emil-Fischer-Hörsaal

Gedenkstätte B. Brecht

MITTE

Mollstr.

Lehrter Stadtbahnhof

Oranienburger Str. Centrum Judaicum

Haus der Demokratie
und Menschenrechte

Aufbau Verlag

Hackescher Markt

Alexanderplatz

Reichstag

Berliner Dom

Fernsehturm

Brandenburger Tor

Unter den Linden

Palast der
Republik

Neues Stadthaus

Straße des 17. Juni

Unter den Linden

Französische Str.

Staatsratsgebäude

Jannowitzbrücke

Dokumentationszentrum
der Gauck-Behörde

Holzmarktstr.

TIERGARTEN

Leipziger Str.

Wilhelmstr.

Potsdamer Platz

Neue
Nationalgalerie

Checkpoint
Charlie

ehem. Mauerverlauf

Anhalter Bhf.

Friedrichstr.

Oranienstr.

Halesches Ufer

Skalitzer Str.

Gitschiner Str.

KREUZBERG

Großgörschenstr. *Yorckstr.*

Yorckstr.

Tempelhofer Damm

Gneisenaustr.

SCHÖNEBERG

Dudenstr.

VOLKSPARK
HASENHEIDE

NEUKÖLLN

TEMPELHOF

Columbiadamm

Museum Berlin-Karlshorst

1945: Deutscher Vernichtungskrieg, alliierte Befreiung

Das heutige »Deutsch-Russische Museum Berlin-Karlshorst«, an der Ecke **Zwieseler Straße** und **Rheinstraße,** ist ein guter Ausgangspunkt für die Erkundung der untergegangenen DDR in Berlin. Im zentralen Saal des Museums wurde in der Nacht vom 8. auf den 9. Mai 1945 von Vertretern der drei Teilstreitkräfte der deutschen Wehrmacht die Kapitulation unterzeichnet und den Vertretern der Alliierten übergeben. Dies war das offizielle Ende des Zweiten Weltkrieges.

Das Gebäude selbst war zwischen 1936 und 1938 gebaut worden und diente ursprünglich der Ausbildung von Offizieren und Unteroffizieren der deutschen Wehrmacht. Am 23. April 1945 wurde es fast kampflos von Einheiten der Roten Armee erobert und war ab sofort Sitz von zentralen Stäben der sowjetischen Besatzungsmacht in Deutschland. Über deren Wirken und den Kampf in Berlin gibt es eine sehenswerte Dauerausstellung, die so besucherfreundlich aufgemacht ist, dass sie auch ohne Führung gut verstehbar ist.

Im Unterschied zum Gebäude in der **Zwieseler Straße 4** wurde Berlin keineswegs kampflos

Eingang zum Deutsch-Russischen Museum. In diesem ehemaligen Offizierskasino der Festungspionierschule der Wehrmacht bezog 1945 die 5. sowjetische Stoßarmee ihr Hauptquartier.

Unterzeichnung der bedingungslosen deutschen Kapitulation am Abend des 8. Mai 1945 im Saal der Pionierschule. Der Raum wird heute vom Museum für Veranstaltungen genutzt.

erobert. Ende Januar 1945 hatte die Rote Armee die Oder bei Frankfurt erreicht. Zur Vorbereitung der sowjetischen Offensive auf Berlin flogen amerikanische und britische Flugzeuge massive Luftangriffe. Vom 3. Februar bis zum 21. April 1945 wurden große Teile der Stadt zerstört. Ein Ehrenhain für die 3 580 bei Luftangriffen auf Berlin gefallenen britischen Soldaten findet sich heute an der Heerstraße. Joseph Goebbels, zu diesem Zeitpunkt nicht nur Reichspropagandaminister, sondern auch Berliner Stadtpräsident, ordnete am 1. April an, die Reichshauptstadt bis zur letzten Patrone zu verteidigen. Am 22. April erreichten die ersten sowjetischen Truppen die Randbezirke Berlins, am 26. April wurde die Stadt von sowjetischen Truppen vollkommen eingeschlossen. Es begann ein zäher und barbarischer Kampf um jedes Haus und jede Straße. Die Ausstellung des Deutsch-Russischen Museums zeigt hierzu beeindruckende Bilder.

Etwa 20 000 sowjetische Soldaten verloren in diesem Kampf um Berlin ihr Leben. Mahnmale und Ehrenfriedhöfe für die Soldaten findet der Besucher **Am Treptower Park** in Berlin-Treptow, unmittelbar am Brandenburger Tor an der **Straße des 17. Juni** und in Berlin-Niederschönhausen im »Volkspark Schönholzer Heide« in der **Niederstraße**. Die Mahnmale im

Treptower Park und am Brandenburger Tor wurden teilweise aus dem roten Marmor von Hitlers Reichskanzlei erbaut, die sich – sie ist heute nicht mehr zu sehen – in der Voßstraße befand. Reste des roten Marmors findet man heute auch noch im U-Bahnhof Mohrenstraße, nur wenige Schritte von der Voßstraße entfernt.

Der größte Teil der Ausstellung im Deutsch-Russischen Museum beschäftigt sich jedoch nicht mit dem Ende des Krieges in der Reichshauptstadt. Sie macht vielmehr sichtbar, mit welch einem Bild vom Deutschen sowjetische Soldaten nach Deutschland kamen. Seit November 1967 befand sich in dem Gebäude das »Museum der bedingungslosen Kapitulation des faschistischen Deutschland im Krieg 1941 bis 1945« der sowjetischen Streitkräfte. Sie wurde nach dem Abzug der sowjetischen Truppen 1990 von einer deutsch-russischen Expertenkommission komplett überarbeitet und ist in ihrer gegenwärtigen Form seit dem 8. Mai 1995, dem 50. Jahrestag der Kapitulation, zu besichtigen. Die Ausstellung bietet einen anderswo kaum zu findenden Überblick über den Verlauf des deutschen Vernichtungskrieges gegen die Sowjetunion.

Allein drei Millionen sowjetischer Kriegsgefangener ließ die Wehrmacht einfach verhungern. Die Politkommissare der Armee brachten die Nationalsozialisten in Konzentrationslagern um. Ungefähr zwei Millionen Juden wurden auf dem Gebiet der Sowjetunion in Lagern oder bei Massenerschießungen ermordet. Unter dem Vorwand der »Partisanenbekämpfung« wurde ein barbarischer Krieg gegen die Zivilbevölkerung geführt. Die Zahl getöteter Zivilisten wird auf insgesamt 15 Millionen geschätzt.

Darüber hinaus wurden 630 000 sowjetische Kriegsgefangene und 2,8 Millionen Zivilisten bis 1944 zur Zwangsarbeit ins Deutsche Reich und natürlich auch nach Berlin deportiert. Eine Karte im Museum zeigt die vielen Zwangsarbeiterlager, die es in der Stadt während der Nazizeit gab. Bislang weisen nur wenige Mahnmale auf die Zwangsarbeiter aus der Sowjetunion hin. 1954 haben Mitglieder der katholischen St. Hedwigs-Gemeinde auf dem Friedhof in der **Konrad-Wolf-Straße 31/32** in Hohenschönhausen Ehrenhaine für Zwangsarbeiter in Berlin angelegt. Hier gibt es auch einen Gedenkstein für 1647 aus der Sowjetunion verschleppte Zwangsarbeiter, die in Berlin während des Nationalsozialismus an den Folgen der Zwangsarbeit starben. Außerdem hat der Geschichtslehrer Bernd Förster im Mai 2002 mit Schülern der Sophie-Scholl-Schule in Schöneberg ein solches Mahnmal in der **Pallasstraße 30** gestaltet.

Unmittelbar nach dem Ende der Kämpfe in Berlin übernahmen zunächst die sowjetischen Streitkräfte sämtliche Verwaltungsaufgaben in der Stadt. Bereits am 17. Mai erhielt Berlin den ersten Nachkriegsmagistrat. Zum Oberbürgermeister bestimmte die Sowjetische Militäradministration (SMAD) den parteilosen Arthur Werner, des Weiteren benannte sie 16 Stadträte. Neun von ihnen waren Kommunisten, drei Sozialdemokraten, alle anderen parteilos. Parteien und Organisationen wurden bald zugelassen, die Sowjetunion wollte in Berlin und in ihrer Besatzungszone möglichst schnell ein Modell für das ganze Nachkriegsdeutschland schaffen.

Zwei Monate nach der Kapitulation rückten britische und amerikanische Truppen in die Stadt ein und übernahmen die zuvor vereinbarten Sektoren im westlichen Teil Berlins. Französische Truppen kamen erst im August 1945 hinzu. Zur gemeinsamen Verwaltung Deutschlands bildete man den Alliierten Kontrollrat (er hatte seinen Sitz im ehemaligen Berliner Kammergericht am U-Bahnhof Kleistpark), zur gemeinsamen Verwaltung Berlins wurde die interalliierte Kommandantur geschaffen. Sie hatte ihren Sitz im heutigen Präsidialamt der Freien Universität Berlin in der Kaiserswerther Straße in Berlin-Dahlem.

Die Alliierten verständigten sich im Juni 1945 darauf, dass man Entscheidungen über Deutschland als Ganzes gemeinsam treffen wolle, jeder Partner aber für die Entwicklung in seiner Besatzungszone allein verantwortlich sei. Damit hatten die Verwaltungsstäbe der verschiedenen alliierten Armeen in den jeweiligen Besatzungssektoren Berlins faktisch die oberste Gewalt inne.

Die SMAD verwaltete die Stadtbezirke Berlin-Mitte, Prenzlauer Berg, Friedrichshain, Treptow, Köpenick, Lichtenberg, Weißensee und Pankow. Von 1945 bis 1949 war das heutige Deutsch-Russische Museum Sitz der SMAD. Die Büros ihrer Obersten Chefs, zunächst Georgij K. Shukow, später Wassili D. Sokolowski und zum Schluss Wassili I. Tschuikow, sind im Museum Berlin-Karlshorst noch zu besichtigen. Nach der Gründung der DDR

Das 1949 eingeweihte sowjetische Ehrenmal in Berlin-Treptow war die wichtigste sowjetische Gedenkstätte für die Gefallenen des Zweiten Weltkriegs in Deutschland. Hier fand 1994 auch die Verabschiedung der sowjetischen Truppen aus Deutschland statt.

– und ihrer darauf folgenden Entlassung in die formelle Selbständigkeit – residierte in dem Gebäude die Sowjetische Kontrollkommission (SKK).

Zunächst sah es noch so aus, als ob die Kriegsalliierten eine gemeinsame Linie bei der Verwaltung des besiegten nationalsozialistischen Deutschlands finden würden. Im »Potsdamer Abkommen«, das man vom 17. Juli bis zum 2. August 1945 nicht weit außerhalb von Berlin, im Schloss Cecilienhof in Potsdam, verhandelte, wurden als gemeinsame Ziele Entnazifizierung, Entmilitarisierung und Demo-kratisierung Deutschlands festgehalten. (Auch die Räume der Potsdamer Konferenz sind heute – im **Schloss Cecilienhof** in Potsdam – zu besichtigen.) Die gemeinsame Linie der Kriegsalliierten bei der Verwaltung des besetzten Deutschlands hielt jedoch nicht lange.

Weiterführende Literatur:
Reinhard Rürup (Hrsg.): Berlin 1945. Berlin 1995; Stefan Wolle/Ilko-Sascha Kowalczuk: Roter Stern über Deutschland. Sowjetische Truppen in der DDR. Berlin 2001; Hamburger Institut für Sozialforschung (Hrsg.): Verbrechen der Wehrmacht – Dimensionen des Vernichtungskrieges. Hamburg 2002.

Deutsch-Russisches Museum Berlin-Karlshorst
Zwieseler Straße 4
10318 Berlin
Tel.: 50 15 08-10
E-Mail: kontakt@museum-karlshorst.de

Öffnungszeiten: Dienstag–Sonntag 10–18 Uhr Führungen nach Voranmeldung möglich (Eintritt frei)

Verkehrsverbindung: Vom S-Bahnhof Karlshorst läuft man 10 bis 15 Minuten die Rheinsteinstraße entlang bis zur Zwieseler Straße oder man benutzt den Bus der Linie 396.

Sowjetisches Ehrenmal am Brandenburger Tor
Straße des 17. Juni
10557 Berlin

Verkehrsverbindung: Vom S-Bahnhof Unter den Linden läuft man durch das Brandenburger Tor und dann etwa noch 2 Minuten bis zum Ehrenmal. Es befindet sich auf der rechten Straßenseite.

Sowjetisches Ehrenmal im Treptower Park
Am Treptower Park
12435 Berlin

Verkehrsverbindung: Vom S-Bahnhof Treptower Park läuft man ca. 5 Minuten. Vom S-Bahnhof ist der Weg zum Ehrenmal ausgeschildert.

Sowjetisches Ehrenmal im »Volkspark Schönholzer Heide«
Niederstraße
13156 Berlin
Verkehrsverbindung: Vom S-Bahnhof Wilhelmsruh ca. 3 Minuten in nördlicher Richtung die Kopenhagener Straße entlang und rechts in die Niederstraße einbiegen.

Mahnmal für sowjetische Zwangsarbeiter
Pallasstraße 30
10781 Berlin

Verkehrsverbindung: Vom U-Bahnhof Kleistpark läuft man in nördlicher Richtung die Potsdamer Straße etwa 3 Minuten entlang und biegt dann links in die Pallasstraße ein. Das Mahnmal, kleine Gedenktafeln an einem Kriegsbunker, steht etwa 200 Meter von der Ecke Potsdamer Straße und Pallasstraße entfernt.

Gedenkstein für sowjetische Zwangsarbeiter
Friedhof der St. Hedwigs-Gemeinde
Konrad-Wolf-Straße 31/32
13055 Berlin
Tel.: 97 10 41 05

Verkehrsverbindung: Am Alexanderplatz steigt man in die Straßenbahn Nr. 5 in Richtung Hohenschönhausen und fährt bis zur Haltestelle Werneucher Straße. Da steht man dann direkt vor dem Friedhof.

Ausstellung zur Potsdamer Konferenz
Schloss Cecilienhof
Neuer Garten
14469 Potsdam
ITel.: 0331/96 94 244

Öffnungszeiten: April–Oktober: 9–17 Uhr
November–März: 9–16 Uhr
(montags geschlossen)

Verkehrsverbindung: Vom S-Bahnhof Potsdam Hbf. mit der Straßenbahn 92 bis zum Rathaus. Dort in den Bus 692 umsteigen, er fährt direkt zum Schloss Cecilienhof.

Gedenkstätte und Museum Sachsenhausen

Parteilich verkürzte und unterdrückte Erinnerung

Ohne einen Besuch in der Gedenkstätte und dem Museum Sachsenhausen wird man die DDR als einen der drei Nachfolgestaaten des Nationalsozialismus – Bundesrepublik, Österreich, DDR – nicht begreifen. Der Ort, dessen Eingang sich in der **Straße der Nationen 22** befindet, ist so vielschichtig, dass möglichst ein ganzer Tag für den Besuch eingeplant werden sollte. Auf einem Teil des Geländes – etwa fünf Prozent des hier von 1936 bis 1945 bestehenden nationalsozialistischen Konzentrationslagers Sachsenhausen – hatte die DDR die »Nationale Mahn- und Gedenkstätte Sachsenhausen« eingerichtet. Die übrigen Bereiche

wurden bis 1990 vorwiegend von der Nationalen Volksarmee (NVA) genutzt. Die Gedenkstätte existierte von 1961 bis 1992 und zeigte ein parteilich reduziertes Bild des Nationalsozialismus, das für die Erinnerung in der DDR an den deutschen Zivilisationsbruch typisch war.

Erst seit 1993 findet hier ein umfassender Prozess wissenschaftlicher Dokumentation und baulicher Rekonstruktion statt. Seitdem wird die Gedenkstätte – nunmehr Bestandteil der neu gegründeten »Stiftung Brandenburgische Gedenkstätten« – auch umfassend saniert und neu gestaltet. Schritt für Schritt soll da-

Torhaus des ehemaligen Konzentrationslagers Sachsenhausen bei Oranienburg. Nach der Zeit des Nationalsozialismus richtete die sowjetische Militäradministration auf dem Gelände eines ihrer zehn »Speziallager« ein.

durch die von der DDR vorgenommene »Reduktion und Überformung des authentischen Ortes« – so Günter Morsch, Leiter der Gedenkstätte – zurückgenommen werden.

Die Geschichte des Rassismus und Antisemitismus wurde in der 1961 eingerichteten »Nationalen Mahn- und Gedenkstätte Sachsenhausen« fast völlig ausgeblendet. Der Nationalsozialismus wurde vor allem als »Faschismus«, als besonders zugespitzte Form kapitalistischer Herrschaft beschrieben. Die Gedenkstätte vermittelte vor allem ein heroisches Bild des kommunistischen Widerstandes gegen den Nationalsozialismus. Die Dimension der nationalsozialistischen Verbrechen, die Spuren der Täter, die Namen und die Leiden der nichtkommunistischen Opfer des KZ wurden dagegen nicht dokumentiert. Mit einem dezentralen Ausstellungskonzept, das kleinere Ausstellungen in authentischen Gebäuden umfasst, wird in Zukunft die vielschichtige Geschichte des Ortes für die Besucher überhaupt erst wieder rekonstruierbar und das gewissermaßen unter der DDR-Gedenkstätte liegende ehemalige KZ wieder sichtbar.

Ein Modell des gesamten ursprünglichen Lagerkomplexes mit allen seinen nur noch schwer wiederzuerkennenden Einrichtungen findet der Besucher nahe beim Eingang der KZ-Gedenkstätte. Wer eine kompetente Begleitung und Führung sucht, sollte sich vorher unbedingt telefonisch anmelden. Im nahe dem Eingang gelegenen Buchladen findet der Besucher ein breites Informationsangebot. Auch die Internetseite der Gedenkstätte bietet viele Informationen, die eine sehr gute individuelle Besuchsvorbereitung ermöglichen.

Im Sommer 1936 musste das KZ Sachsenhausen von Häftlingen aus den Emslandlagern und aus einem KZ mitten in Berlin, dem »Columbia Haus« (hier war kurzfristig auch Erich Honecker eingesperrt), selbst errichtet werden. Es war als idealtypisches KZ konzipiert worden und nahm als Modell- und Schulungslager der SS in unmittelbarer Nähe der Reichs-

hauptstadt eine Sonderstellung im System der Konzentrationslager ein.

1938 wurde darüber hinaus die Verwaltungszentrale für alle Konzentrationslager im deutschen Machtbereich, die so genannte »Inspektion der Konzentrationslager«, von Berlin nach Oranienburg in den Bereich des KZ Sachsenhausen verlegt. SS-Schreibtischtäter waren hier maßgeblich an der Durchführung des Völkermordes an den europäischen Juden und am Genozid an den Sinti und Roma beteiligt. Sie koordinierten den Massenmord an den sowjetischen Kriegsgefangenen und die systematische Ermordung kranker Häftlinge. Seit 1942 wurde von hier aus auch die Zwangsarbeit der KZ-Häftlinge für die Rüstungsindustrie zentral gelenkt, ihre Ausbeutung und ihre »Vernichtung durch Arbeit« koordiniert.

Bis 1990 war die »Inspektion der Konzentrationslager« im KZ Sachsenhausen nicht erkennbar, da das entsprechende »T-Gebäude« – am **Heinrich-Grüber-Platz** gelegen – von der Nationalen Volksarmee der DDR genutzt wurde. Jetzt arbeiten hier zwar das Finanzamt Oranienburg und die »Stiftung Brandenburgische Gedenkstätten«, aber im ehemaligen Dienstzimmer des KZ-Inspekteurs Eicke informiert immerhin eine Ausstellung über die Geschichte des Hauses und die Verbrechen dieses Teils der KZ-Verwaltung.

Zwischen 1936 und 1945 waren im KZ Sachsenhausen mehr als 200 000 Menschen inhaftiert. Dies betraf zunächst politische Gegner des NS-Regimes, dann in immer größerer Zahl Angehörige der von den Nationalsozialisten als rassisch oder biologisch minderwertig erklärten Gruppen und ab 1939 zunehmend Bürger der besetzten Staaten Europas. Zehntausende kamen durch Hunger, Krankheiten, Zwangsarbeit und Misshandlungen um oder wurden Opfer von systematischen Vernichtungsaktionen der SS. Auf den Todesmärschen nach der Evakuierung des Lagers Ende April 1945 starben noch einmal Tausende von Häftlingen. (An den Todesmarsch aus Sachsenhausen erinnert ein eigenes Museum in der Nähe von **Wittstock**.) Nur noch

Massenkundgebung mit der SED-Parteiführung und 100 000 Teilnehmern zur Eröffnung der Gedenk-stätte Sachsenhausen am 23. April 1961.

ca. 3 000 im Lager zurückgebliebene Kranke, Ärzte und Pfleger konnten am 22. April 1945 von russischen und polnischen Einheiten der Roten Armee befreit werden.

Der sowjetische Geheimdienst errichtete im August 1945 im Kernbereich des KZ eines sei-ner zehn »Speziallager«. In diesen »Spezial-lagern« wurden deutsche Zivilisten gefangen gehalten. Während in den Nachkriegs-Inter-nierungslagern der Westalliierten vorwiegend hochrangige Mitglieder der NSDAP, von SS und Wehrmacht interniert wurden, waren es in den »Speziallagern« dagegen mehrheitlich kleinere und mittlere Funktionsträger der NSDAP. Hochrangige kriegsgefangene Nazis hatte man gleich in die Sowjetunion gebracht. Im Unterschied zu den Internierungslagern der Westalliierten fand in den »Speziallagern« keine Überprüfung individueller Schuld statt. Bis zur Auflösung des »Speziallagers 1« – bis 1948 hieß es noch »Speziallager 7« – im März 1950 wurden hier mehr als 60 000 Personen festgehalten. Sie waren von der Außenwelt völ-lig abgeschnitten. 12 000 Menschen kamen auf Grund der katastrophalen Haftbedingun-gen, durch Krankheit, Hunger, psychische und physische Erschöpfung um. Nur ein Teil der Internierten gelangte bei der Auflösung des Speziallagers 1950 in Freiheit. Viele wurden in Haftanstalten der DDR überstellt. Einige urteilte die DDR-Justiz in den berüchtigten »Waldheimer Prozessen« ab.

An die Geschichte des Speziallagers wurde in der DDR nicht erinnert. Seit 2001 gibt es in Sachsenhausen einen Museumsneubau, in dem eine Dauerausstellung die Geschichte des so-wjetischen Speziallagers dokumentiert. In das Ausstellungskonzept sind zwei historische Stein-baracken der »Zone II« des Speziallagers in-tegriert. In unmittelbarer Nähe befindet sich das größere der zwei Massengräber mit über 7 000 Toten.

Da das ehemalige Konzentrationslager nach dem Krieg durch die sowjetische Besatzungs-macht genutzt wurde, war ein Gedenken für die KZ-Opfer am authentischen Ort zunächst

Das Eingangstor zum Konzentrationslager mit der zynischen Inschrift »Arbeit macht frei«.

nicht möglich. Gedenkveranstaltungen fanden daher zunächst im Stadtzentrum statt, beispielsweise am Schloss, wo heute noch die 1961 von Fritz Cremer geschaffene Plastik »Die Anklagende« zu sehen ist. Mit der Übernahme des Geländes durch die DDR begann 1950 zunächst eine Verwahrlosung des Areals. Ehemalige kommunistische Häftlinge setzten sich anfangs vergeblich für eine Freigabe der Gedenkstätte ein.

Erst 1956, als ehemalige nicht-deutsche Häftlinge den Ort ihres Leidens besichtigen wollten, gab die NVA das Dreieck des Schutzhaftlagers für den regulären Besucherverkehr frei. Die Häftlinge wollten eigentlich den Gesamtkomplex des KZ Sachsenhausen, einschließlich der SS-Bauten, in die Gedenkstätte integrieren. Das von der SED eingesetzte Kuratorium reduzierte jedoch die Gedenkstättenkonzeption auf den kleineren Teil des Schutzhaftlagers. Nicht einbezogen wurden das nordöstlich gelegene Sonderlager für alliierte Offiziere und Prominente, der nordwestlich gelegene Industriehof, das Todeslager Klinkerwerk an der Schleuse des Hohenzollernkanals sowie die SS-Kasernen und vor allem das »T-Gebäude«. Lediglich die »Station Z« sowie der Erschießungsgraben, ursprünglich Teil des Industrie-

hofs, wurden durch Versetzung der Lagermauer in die Gedenkstätte integriert.

Die beauftragten Architekten plädierten für den Abriss der noch stehenden Häftlingsbaracken zugunsten eines großen Feierplatzes für Massenkundgebungen. Dieser Feierplatz ist heute noch zu sehen. Als Kern ihrer Konzeption hielten sie fest, dass »bei den Lagern auf deutschem Boden ... die Überwindung der SS-Herrschaft durch Abtragen der Reste und durch eine planmäßige Gestaltung zum Ausdruck zu bringen« sei. Dies bewegte sie zu einer bewussten Überformung der ursprünglichen KZ-Symmetrie. Dem Turm A, von dem aus die SS das Häftlingslager überwachte, stellten sie als Bezugspunkt auf der zentralen Blickachse einen heute noch zu sehenden wesentlich höheren Obelisken gegenüber, dessen rote Dreiecke lediglich an die gleichfarbigen Winkel der politischen Häftlinge erinnern. Ihm vorgelagert steht die von René Graetz geschaffene Plastik »Befreiung«. Umgeben von einer Wiese bildeten Obelisk und Plastik die Kulisse für die Massenkundgebungen, die von 1961 bis 1989 hier stattfanden. Erst nachdem die »Union der antifaschistischen Widerstandskämpfer Israels« protestierte, wurde – kurz vor der Eröffnung der Gedenkstätte 1961 –

Besuch von Soldaten der NVA und der Sowjetarmee Anfang der 80er Jahre in der »Station Z« der Gedenkstätte.

das »Museum des Widerstandskampfes und der Leiden jüdischer Bürger« in den aus Originalteilen rekonstruierten Baracken 38 und 39 auf dem Lagergelände eingerichtet.

Mit der Gedenkstättenkonzeption wurde die große Mehrzahl der Häftlinge und Opfer aus dem Gedenken ausgeschlossen, und viele übrig gebliebene Spuren der Täter wurden unsichtbar gemacht. Ziel der 1993 begonnenen Neugestaltung ist es, die von der SS intendierte »Geometrie des totalen Terrors« wieder erkennbar zu machen.

Mehr als 100 000 Teilnehmer besuchten am 23. April 1961 die Eröffnungsfeier der Gedenkstätte. Es war die Zeit des Eichmann-Prozesses in Israel und einer wachsenden Flüchtlingsbewegung aus der DDR. Nur vier Monate später baute die DDR die Mauer in Berlin. Die Eröffnung der Gedenkstätte wurde von der DDR-Staatsführung genutzt, um innen- und außenpolitisch, vor allem gegenüber der Bundesrepublik, die antifaschistische Grundüberzeugung und zugleich Staatsdoktrin zu demonstrieren. Schließlich war Sachsenhausen – neben Buchenwald und Ravensbrück – die dritte KZ-Gedenkstätte auf dem Boden der DDR, während in der Bundesrepublik die erste KZ-Gedenkstätte erst 1965 in Dachau eröffnet wurde. Westdeutsche Medien nahmen von der Eröffnung in Sachsenhausen kaum Notiz oder rechneten die Opfer des sowjetischen Speziallagers gegen die Toten des KZ auf.

Weiterführende Literatur:
Gudrun Schwarz: Die nationalsozialistischen Lager. Frankfurt/M. 1996; Günter Morsch (Hrsg.): Von der Erinnerung zum Monument. Berlin 1996; Jeffrey Herf: Zweierlei Erinnerung. Berlin 1998; Sergej Mironenko u. a. (Hrsg.): Sowjetische Speziallager in Deutschland. Berlin 1998.

Gedenkstätte und Museum Sachsenhausen
Straße der Nationen 22
16515 Oranienburg
Tel.: 03301/200-0
Besucherdienst/Anmeldung: 03301/200-200
E-Mail: info@gedenkstaette-sachsenhausen.de
Internet: http://gedenkstaette-sachsenhausen.de

Öffnungszeiten:
15. März–14. Oktober: 8.30–18 Uhr
15. Oktober–14. März: 8.30–16.30 Uhr
(montags sind die Museen, der Besucherdienst und der Buchladen geschlossen)
Archiv und Bibliothek:
Dienstag–Freitag 9–15.30 Uhr (Eintritt frei)
Gruppenführungen für Erwachsene
(max. 35 Personen): 25 Euro
Führungen für Schüler und Jugendliche:
Eintritt frei
Thematische Führungen: 2,50 Euro pro Person
(ermäßigt 1,50 Euro)

Verkehrsverbindung: Mit der S-Bahn (S1) vom Bahnhof Friedrichstraße oder mit dem Regionalexpress zum Bahnhof Oranienburg. Von dort mit dem Bus 804 in Richtung Malz. Er hält an der Gedenkstätte.

Dokumentation zur Inspektion der Konzentrationslager 1938–1945
c/o Stiftung Brandenburgische Gedenkstätten
Heinrich-Grüber-Platz
16515 Oranienburg
Tel.: 033 01/81 09 20
Öffnungszeiten: Montag bis Freitag 8–18 Uhr,
Samstag/Sonntag 12–16 Uhr

Verkehrsverbindung: Mit der S-Bahn S1 vom Bahnhof Friedrichstraße zum Bahnhof Oranienburg. Von dort mit dem Bus 805 bis zur Haltestelle »Finanzamt Oranienburg«.

Museum des Todesmarsches
Belower Damm 1
16909 Wittstock
Tel.: 03 99 25/24 78

Öffnungszeiten:
März–November: Dienstag–Sonntag 9–16 Uhr
(15. Juni–15. September: 9–17 Uhr)
Dezember–Februar: Montag–Freitag 9–16 Uhr

Verkehrsverbindung: Vom Bahnhof Zoo mit der Regionalbahn bis Wittstock, von dort fährt jedoch kein öffentliches Verkehrsmittel. Es bleibt nur ein Taxi. Besser fährt man also gleich mit dem Auto. Von Berlin auf der Autobahn Richtung Hamburg bis Wittstock. In Wittstock hält man sich in Richtung Röbel und dann weiter in Richtung Below. In Below selbst ist das Museum ausgeschildert.

Gedenkstätte der Sozialisten

1946: Die (Zwangs-)Einheit der Arbeiterbewegung

Die SED definierte die DDR bis zu ihrem Ende als antifaschistischen Staat in der Tradition der deutschen Arbeiterbewegung. Besonders gut kann der Besucher die politische Inszenierung dieses Selbstverständnisses heute auf dem Zentralfriedhof Friedrichsfelde in der **Gudrunstraße** begreifen. Unter der Parole der »Einheit der Linken« zerstörten die Machthaber in der DDR die Sozialdemokratie. Wahrscheinlich gibt es überhaupt keinen anderen Ort in Berlin und in ganz Deutschland, der so viele Geschichten über Aufstieg und Niedergang der deutschen Arbeiterbewegung und der Linken zu erzählen hat, vorausgesetzt man

findet einen Weg, ihn zum Sprechen zu bringen.

Der 1881 als eine Art Armenfriedhof eröffnete Park ist im Sommer und Herbst wunderbar anzusehen. Für einen Spaziergang sollte man sich entweder bei der Friedhofsverwaltung einen Lageplan der wichtigsten Gräber geben lassen oder telefonisch eine begleitete Friedhofsbesichtigung vorbestellen. Eine gute Vorbereitung für den individuellen Besuch ist das sehr informative Buch zur Geschichte des Friedhofs von Joachim Hoffmann mit dem Titel »Berlin-Friedrichsfelde. Ein deutscher

Gedenkstätte der Sozialisten in Berlin-Friedrichsfelde. Hier ruhen neben Rosa Luxemburg und Karl Liebknecht wichtige Personen der Partei- und Staatsführung der DDR.

Vereinigungsparteitag zur SED am 21./22. April 1946 im Admiralspalast am Bahnhof Friedrichstraße. Wilhelm Pieck (KPD) und Otto Grotewohl (SPD) reichen sich demonstrativ die Hände.

Nationalfriedhof« (Berlin 2001). Die Leser werden nicht alle Urteile des Autors teilen. Das Buch enthält jedoch viele gute Lageskizzen, die sehr viel genauer sind als der Lageplan der Friedhofsverwaltung.

Wer hierher kommt, tut es in der Regel wegen der Grabstätten von Rosa Luxemburg und Karl Liebknecht. Die beiden langjährigen Mitglieder der SPD und späteren Gründer der KPD sind hier beerdigt. Ihren politischen Bruch mit der Sozialdemokratie hatten sie bereits während des Ersten Weltkrieges vollzogen. Liebknecht, Luxemburg und viele andere Sozialdemokraten hatten die Zustimmung der SPD zu Kriegskrediten vehement abgelehnt. Nach dem Ersten Weltkrieg wollte die Mehrheit der Sozialdemokraten eine parlamentarische Republik. Die radikale Linke wollte – unterstützt von Lenin, der eine Ausdehnung des sowjetischen Revolutionsmodells auf ganz Europa erhoffte – eine umfassende Revolution und Räterepublik. So spaltete sich die deutsche Sozialdemokratie auch organisatorisch. 1919 wurde die KPD gegründet. Man fand auch später, trotz des heraufziehenden Nationalsozialismus, nicht mehr zusammen.

Liebknecht und Luxemburg sind in der Nacht vom 15. auf den 16. Januar 1919 im Berliner Tiergarten ermordet worden. Die Mörder, Hermann W. Souchon (1894–1982) und Horst von Pflugk-Harttung (1889–1967) u. a., wurden zwar mehrfach angeklagt, jedoch nie verurteilt. Am Tatort, an der Lichtensteinbrücke über den Landwehrkanal, finden sich, von vielen Besuchern übersehen, am Gartenufer (für Rosa Luxemburg) und am Großen Weg am Ufer des Neuen Sees (für Karl Liebknecht) zwei schlichte Mahnmale. Der Intellektuelle Liebknecht und die jüdische Revolutionärin Luxemburg aus Polen galten den Mördern als die Verkörperung des angeblichen »Verrats« an einem Sieg des Deutschen Reiches im Ersten Weltkrieg, als Köpfe einer »jüdisch-bolschewistischen Weltverschwörung«, wie die Nazis später sagten. Der Historiker Klaus Gietinger hat in seinem Buch »Eine Leiche im

Landwehrkanal« (Berlin 1995) den Tathergang rekonstruiert und die Täter, leider nur auf dem Papier, zweifelsfrei überführen können.

Ursprünglich wollte die KPD eine Beerdigung ihrer wichtigsten Führungspersönlichkeiten auf dem Friedhof der Märzgefallenen (aus der Revolution von 1848) in der **Landsberger Allee**. Dort waren bereits andere Opfer der Novemberrevolution 1918 beerdigt worden. Der Magistrat der Stadt lehnte jedoch dort eine Beerdigung unter Vorwänden ab und wies Rosa Luxemburg und Karl Liebknecht einen Platz in der damals so genannten »Verbrecherecke« des Zentralfriedhofs Friedrichsfelde zu. Der Architekt Mies van der Rohe entwarf dafür ein Mahnmal, für dessen Bau die KPD dann Geld sammelte. Am 13. Juni 1926 wurde es eingeweiht. Bei seiner Enthüllung sprach Wilhelm Pieck, später der erste Präsident der DDR. Er war im Januar 1919 zusammen mit Luxemburg und Liebknecht festgenommen worden.

Die Gräber der KPD-Gründer befinden sich heute nicht mehr am hinteren Ende des Friedhofs. An das Mahnmal von Mies van der Rohe erinnert nur noch ein Gedenkstein. Auf dem Lageplan des Friedhofs wird er als »Revolutionsdenkmal« (RD) bezeichnet. Das eigentliche Mahnmal Mies van der Rohes ist im Januar 1935 von den Nationalsozialisten abgerissen worden. Die »Kommunistengräber« – so eine Eintragung im Friedhofsbuch – wurden eingeebnet.

Die Gräber von Luxemburg und Liebknecht liegen heute in der Mitte einer »Gedenkstätte der Sozialisten«. Daneben befinden sich die Gräber des 1944 im KZ Buchenwald ermordeten KPD-Führers Ernst Thälmann und des ebenfalls dort ermordeten Sozialdemokraten Rudolf Breitscheid sowie die letzte Ruhestätte von Walter Ulbricht. In der Mitte der Gedenkstätte steht ein Stein mit der Inschrift »Die Toten mahnen uns«. Um den inneren Kreis der Gedenkstätte herum finden sich noch viele weitere Grabstätten prominenter Sozialdemokraten, Gewerkschafter, Kommunisten und SED-Funktionäre. Die Toten sollen offensichtlich die Lebenden mahnen, die Einheit der Linken nie wieder preiszugeben.

Die Gedenkstätte, so wie sie heute zu besichtigen ist, wurde vom ersten Präsidenten der DDR, Wilhelm Pieck, konzipiert und am 14. Januar 1951 von ihm selbst eingeweiht. Wer sich in der Geschichte der deutschen Arbeiterbewegung auskennt, wird wahrscheinlich auf keinem anderen Friedhof in Deutschland so viele wirklich große Namen wiederfinden. Auch heute noch pilgern jährlich am zweiten Sonntag im Januar Tausende Menschen zur Gedenkstätte.

Die Ansammlung bedeutender Nichtkommunisten, insbesondere von Persönlichkeiten der deutschen Sozialdemokratie und der Gewerkschaften, an diesem Ort hängt mit der Geschichte des Friedhofs zusammen. Ursprünglich befand sich an der Stelle der »Gedenkstätte der Sozialisten« nur ein Gräberhain von Sozialdemokraten. Unter SPD-Mitgliedern wurde er der »Feldherrenhügel« genannt. Am 12. August 1900 war hier z. B. der Mitbegründer der Sozialdemokratischen Partei Wilhelm Liebknecht beerdigt worden. 200 000 Trauergäste waren in einer Demonstration durch ganz Berlin zum Friedhof gezogen. August Bebel selbst hatte an seinem Grab gesprochen. Am 5. Februar 1911 wurde hier – 1 000 000 Trauergäste soll es gegeben haben – auch der Sozialdemokrat Paul Singer beerdigt. Bis zu seinem Tod hatte er die sozialdemokratische Fraktion im Reichstag und im Berliner Stadtparlament geleitet. Die Demonstrationen der Berliner Arbeiterschaft bei der Beerdigung ihrer sozialdemokratischen Führer trugen vor dem Ersten Weltkrieg dazu bei, dass der Friedhof nun nicht mehr nur als »Armenfriedhof«, sondern auch als »Sozialistenfriedhof« galt.

Aber auch der sozialdemokratische »Feldherrenhügel« wurde – wie die Grabstätte von Luxemburg und Liebknecht – während des Nationalsozialismus zerstört. Die nach dem Zweiten Weltkrieg vom Magistrat der Stadt ursprünglich vorgesehene getrennte Wiederherstellung beider Gräberhaine wurde in der

Seit 1951 ziehen an jedem zweiten Sonntag im Januar Zehntausende nach Friedrichsfelde, um der gestorbenen Arbeiterführer zu gedenken. Aufnahme von 1979 mit dem SED-Politbüro auf einer Ehrentribüne.

nach 1948 geteilten Stadt von der DDR nicht mehr umgesetzt. Man bevorzugte die Zusammenlegung der sozialdemokratischen und kommunistischen Grabstätten im Sinne der Einheit der Linken.

Bereits im Moskauer Exil hatten die emigrierten KPD-Führer in ihren Nachkriegsplanungen eine eigenständige Sozialdemokratie ausgeschlossen. Unmittelbar nach dem 8. Mai 1945 war aber die Idee einer gemeinsamen Partei mit den Sozialdemokraten von der KPD zunächst abgelehnt worden. Als kurze Zeit später jedoch erkennbar wurde, dass die Sozialdemokraten mit dem Aufbau ihrer Partei größeren Erfolg hatten als die KPD, starteten die Kommunisten eine »Einheitskampagne«: KPD und SPD waren Opfer des Nationalsozialismus gewesen, nun endlich müsse ihre Einheit hergestellt werden. »Einheit«, so hatte Wilhelm Pieck bereits 1944 im Moskauer Exil notiert, »ist die Frage der SPD – sie wird dadurch ausgeschaltet.«

Viele Sozialdemokraten – wie z. B. der erste Ministerpräsident der DDR Otto Grotewohl, dessen Grab auch neben Luxemburg und Liebknecht zu finden ist – überredete man dann zu dieser Einheit. Parteianhänger jedoch, die sich noch an die wüsten antisozialdemokratischen Tiraden der KPD in der Weimarer Republik erinnerten – »Arbeiterverräter«, »Sozialfaschisten« und »Steigbügelhalter des Faschismus« nannten Kommunisten damals die Sozialdemokraten –, die Lenins Politik in der Sowjetunion kritisiert hatten, von Stalins Lagern wussten und deshalb mit einer Vereinigung von SPD und KPD nicht einverstanden waren, erhielten Redeverbot oder wurden verhaftet. Zwischen Dezember 1945 und Frühjahr 1946, so der Sozialdemokrat Erich Ollenhauer 1961, sollen ca. 20 000 Sozialdemokraten gemaßregelt, inhaftiert oder gar getötet worden sein.

Besonders groß war der sozialdemokratische Widerstand in Thüringen, Sachsen und Sachsen-Anhalt. Aber auch in Berlin hatten sich die Mitglieder der SPD bei einer Urabstimmung im März 1946 mit 82 % gegen eine sofortige Vereinigung mit der KPD ausgesprochen. Die Urabstimmung durfte jedoch nur in den westlichen, von Amerikanern, Franzosen und Briten besetzten Stadtteilen durchgeführt werden. Trotzdem wurde am 21./22. April 1946 im Admiralspalast, dem heutigen Metropol-Theater am S-Bahnhof in der **Friedrichstraße,** die Vereinigung von KPD und SPD in der sowjetischen Besatzungszone beschlossen. Appelle von westlichen Sozialdemokraten, sich lieber selbst aufzulösen, als sich mit der KPD zu vereinigen, verhallten ungehört.

»Sozialdemokratismus« bzw. Verbindungen zur SPD in Westdeutschland sind in den Jahren der Existenz der DDR hart verfolgt worden. Während der Parteisäuberung der SED 1950/51 wurden ca. 150 000 Sozialdemokraten aus der SED entfernt und vielfach zur Flucht aus der DDR genötigt. Zur gleichen Zeit wurde die Gedenkstätte der Sozialisten gestaltet und zum Besuch freigegeben. Im Parteistatut der SED von 1950 wurde das Bekenntnis zu den Lehren Stalins und Lenins festgeschrieben. Nach Angaben der (bundesdeutschen) SPD sind etwa 5 000 ihrer ehemaligen Parteigenossen inhaftiert worden. Faktisch war damit die SPD in der sowjetischen Besatzungszone zerschlagen. Die KPD hatte mit der Zwangsvereinigung ein Haupthindernis für ihre absolute Machtstellung aus dem Weg geräumt. Die SPD war seit dieser Zeit bis zum Ende der DDR aus dem politischen Leben verbannt. Erst im Oktober 1989 gründete eine Gruppe von protestantischen Bürgerrechtlern, führend u. a. Martin Gutzeit und Markus Meckel, erneut eine sozialdemokratische Partei.

Es gibt also viele Gründe, warum der Zentralfriedhof Friedrichsfelde von Sozialdemokraten nicht mehr – wie noch vor dem Ersten Weltkrieg und in der Weimarer Republik – als »ihr« Friedhof angesehen wird. Die Gräber von Willy Brandt und Ernst Reuter, der beiden bedeutendsten sozialdemokratischen Bürgermeister Westberlins, findet man auf dem Waldfriedhof Zehlendorf in der **Potsdamer Chaussee 75–77.** Sie liegen dort direkt nebeneinander.

Seit der Gründung der DDR wurden in Friedrichsfelde vorwiegend Angehörige der SED-Führung und Menschen aus ihrem Umfeld beerdigt. Selbst der langjährige Minister für Staatssicherheit, Erich Mielke, liegt hier seit dem Sommer des Jahres 2000. Seine ehemalige Wirkungsstätte, das Ministerium für Staatssicherheit, befindet sich ganz in der Nähe des Friedhofs, in der Ruschestraße 103. Sein Grab ist in einer anonymen Urnenanlage an der Ostseite des Friedhofs untergebracht.

Weiterführende Literatur:
Joachim Hoffmann: Berlin Friedrichsfelde. Ein deutscher Nationalfriedhof. Berlin 2001; Klaus Gietinger: Eine Leiche im Landwehrkanal. Berlin 1995; Beatrix Bouvier: Ausgeschaltet! Sozialdemokraten in der sowjetischen Besatzungszone und in der DDR 1945–1953. Stuttgart 1996.

Zentralfriedhof Friedrichsfelde
Gudrunstraße
10365 Berlin
Tel.: 55 97 533

Öffnungszeiten: September–April: 8–16 Uhr
Mai–August: 8–20 Uhr
Führungen auf dem Zentralfriedhof Friedrichsfelde:
1) Rosemarie Köhler, Tel.: 83 25 101,
Internet: http://www.rosemariekoehler.de
2) Förderkreis Erinnerungsstätte der deutschen Arbeiterbewegung Berlin-Friedrichsfelde e. V.,
Tel.: 57 79 46 53 (Frau Steer) oder 50 19 22 68 (Herr Hofmann)

Verkehrsverbindung: Vom S- und U-Bahnhof Lichtenberg läuft man zunächst zur Frankfurter Allee, dort biegt die Gudrunstraße ab. Der Fußweg beträgt etwa 10 Minuten.

Friedhof der Märzgefallenen
Landsberger Allee
10249 Berlin

Verkehrsverbindung: Vom Alexanderplatz nimmt man die Straßenbahn 6 in Richtung Hellersdorf und steigt am Platz der Vereinten Nationen aus. Dort befindet sich der Eingang zum Friedhof.

Waldfriedhof Zehlendorf
Potsdamer Chaussee 75–77
14129 Berlin

Verkehrsverbindung: Vom S-Bahnhof Wannsee nimmt man den Bus 211 Richtung Krumme Lanke. Er hält am Waldfriedhof Zehlendorf.

Neues Stadthaus

1948: Berlin wird geteilt

Das Jahr 1948 war entscheidend für die Teilung Berlins und die Teilung des besetzten Deutschlands. Ein ursprünglich im Potsdamer Abkommen vom August 1945 anvisierter Friedensvertrag war noch nicht abgeschlossen worden. (Es sollte ihn, was damals noch niemand ahnen konnte, bis zum Ende der DDR nicht geben.) Die wesentlichen Stationen dieser Teilung sind in Berlin jedoch bislang nur sehr verstreut nachzuvollziehen. Eine dieser Stationen ist das »Neue Stadthaus« in der **Parochialstraße 1–3**.

Das Gebäude wurde 1937 erbaut. Zuvor stand hier von 1923 bis 1933 das erste internationale Anti-Kriegsmuseum. Gegründet hatte es der Anarcho-Pazifist Ernst Friedrich (1894 bis 1967). Friedrich wurde schon vor 1933 wegen seiner Vorträge und Aktionen mehrfach verhaftet. Im März 1933 zerstörten SA-Horden sein Museum und machten es zu ihrem Sturmlokal. Friedrich, in Haft genommen, wurde im September 1933 jedoch auf Intervention amerikanischer Quäker als kranker Mann wieder freigelassen. Er floh und schloss sich dem Widerstand in Frankreich an. Eine Plakette an der Fassade des Hauses erinnert an das Antikriegsmuseum.

Im »Neuen Stadthaus« sprengten am 6. September 1948 kommunistische Demonstranten eine Sitzung des – noch gemeinsam tagenden – Stadtparlaments, der Stadtverordnetenversammlung von Berlin. Bereits seit Ende Juni 1948 hatten von der SED gesteuerte Demonstranten die Berliner Stadtverordnetenversammlung regelrecht belagert und zu spalten versucht. Mehrere Bitten der Abgeordneten an die sowjetischen Besatzungsbehörden, die Stadt-

hausumgebung zu befrieden, blieben ohne Reaktion. Die Polizei Ostberlins erklärte sich außerstande, den Schutz der Abgeordneten und ihrer Sitzungen zu gewährleisten. Am 6. September 1948 schließlich musste die Sitzung abgebrochen werden. Alle Abgeordneten, die nicht der SED angehörten, verließen das Gebäude und tagten fortan im britischen Sektor. Ein gemeinsames Stadtparlament existierte seit diesem Tag nicht mehr.

Trotz der hohen Bedeutung für die Geschichte Berlins und der DDR gibt es im »Neuen Stadt-

Das Neue Stadthaus am U-Bahnhof Klosterstraße war nach 1945 Sitz des Gesamtberliner Stadtparlaments.

Gedenktafel für das ehemalige Anti-Kriegs-museum von Ernst Friedrich, das 1933 von der SA an dieser Stelle zerstört worden ist.

haus« bislang keine spezielle Ausstellung oder Führung. Bei Bedarf kann man sich jedoch den Sitzungssaal zeigen lassen. Hierzu muss man im Büro der Bezirksverordnetenversammlung von Berlin-Mitte, die das Gebäude heute nutzt, nachfragen. Lediglich eine kleine Tafel am Haus weist auf die Historie des Ortes hin. Das »Neue Stadthaus« ist über den U-Bahnhof Klosterstraße gut erreichbar und liegt mitten im Zentrum der Stadt.

Die Teilung Berlins hatte sich bereits im Frühjahr 1948 abgezeichnet. Am 20. März verließ der Chef der sowjetischen Militäradministration (SMAD), Marschall Wassili D. Sokolowski, das oberste Regierungsorgan der Besatzungsmächte in Deutschland, den »Alliierten Kontrollrat«. Damit wurde die bis dahin funktionierende Viermächte-Verwaltung in Deutschland zwar formal nicht beendet, aber doch unterbrochen. Die »Alliierte Kommandantur«, die oberste Instanz der Viermächte-Verwaltung in Berlin, verließen die Sowjets am 16. Juni. Die Arbeit der Kommandantur wurde ein halbes Jahr später, am 21. Dezember 1948, ohne sowjetische Beteiligung fortgesetzt. Erst im Zeichen der Entspannungspolitik im Jahr 1971 regelten die vier Besatzungsmächte ihre ge-

meinsame Zuständigkeit für Berlin im »Viermächte-Abkommen« neu.

Anlass für die Beendigung der Zusammenarbeit der vier Besatzungsmächte 1948 durch die Sowjetunion waren Differenzen der Alliierten über die Durchführung einer Währungsreform in Deutschland. Am 20. Juni hatten die Westalliierten in ihren Besatzungszonen eine separate Währungsreform in Kraft gesetzt. Ab sofort verlor hier die bis dahin noch genutzte Reichsmark ihre Gültigkeit und wurde durch die Deutsche Mark (DM) ersetzt.

Am 23. Juni beschloss daraufhin auch die SMAD eine Währungsreform für ihr Besatzungsgebiet und gab dem Oberbürgermeister Berlins den Befehl, diese Währung auch in ganz Berlin einzuführen. Die Westalliierten untersagten dies und führten stattdessen am 24. Juni die DM als Zahlungsmittel auch in Westberlin ein. Die Viermächte-Verhandlungen über die Einführung einer eigenständigen Währung für ganz Berlin – »Bärenmark« sollte sie heißen – waren zuvor am Widerstand der Sowjetunion gescheitert. Damit besaß die Stadt nun zwei Währungen und war wirtschaftlich gespalten.

Demonstranten erzwangen sich am 6. September 1948 Zugang zur Sitzung der Berliner Stadtverordnetenversammlung und sprengten die bis dahin einheitliche Stadtverwaltung.

Um Druck auf die Westalliierten auszuüben, begann die SMAD daraufhin mit einer Totalblockade aller Straßen-, Schienen- und Wasserwege von und nach Westberlin. Proteste der Westalliierten gegen diese Blockade blieben wirkungslos. Deshalb beschloss der amerikanische Militärgouverneur in Deutschland, Lucius D. Clay, die Versorgung der Bevölkerung Westberlins über eine Luftbrücke zu garantieren. Obwohl die Regierung der Vereinigten Staaten zunächst skeptisch war, allein die technische Seite des Unternehmens schien kaum durchführbar, stimmte sie dennoch zu. Unzählige amerikanische und britische Flugzeuge versorgten daraufhin die Westsektoren der Stadt fast ein ganzes Jahr lang mit allen lebensnotwendigen Gütern.

Die Geschichte und der Ablauf dieser beispiellosen Hilfsaktion sind heute sehr gut im »Alliierten Museum« in der **Clayallee 135** dokumentiert, das zum 50. Jahrestag des Beginns der Luftbrücke im Juni 1998 im ehemaligen Kino »Outpost« eröffnet wurde.

Nach der Währungsreform in den Westbezirken riefen SED-Presseorgane ab Ende Juni die Bevölkerung zu Kundgebungen gegen die »Sabotagepolitik« der Berliner Stadtregierung auf und erklärten, die sowjetische Blockade Westberlins sei eine notwendige und begrüßenswerte Maßnahme, da Berlin dadurch vor einer Ausplünderung durch die Westmächte geschützt werde. Mehrfach störten daraufhin kommunistische Demonstranten – wie schon erwähnt – die Sitzungen des Stadtparlaments, bis es dann am 6. September zur endgültigen Sprengung dieses Gremiums kam. Heftige Proteste gab es daraufhin vor allem in Westberlin.

So versammelten sich am 9. September ungefähr 300 000 Berliner zu einer Protestkundgebung vor der Ruine des Reichstages. Es sprach der am 24. Juni 1947 von der Stadtverordnetenversammlung Berlins zum Oberbürgermeister gewählte Sozialdemokrat Ernst Reuter, der jedoch, da die SMAD ihre Zustimmung verweigerte, sein Amt nicht hatte antreten können.

Reuter sprach die bis heute bei Berlinern be-

Soldaten der vier Siegermächte am Eingang zur gemeinsamen Kommandatura in Berlin-Dahlem vor der Spaltung der Stadt.

kannten Worte: »Ihr Völker der Welt, ihr Völker in Amerika, in England, in Frankreich, in Italien! Schaut auf diese Stadt und erkennt, dass ihr diese Stadt und dieses Volk nicht preisgeben dürft und nicht preisgeben könnt! Es gibt nur eine Möglichkeit für uns alle: Gemeinsam so lange zusammenzustehen, bis dieser Kampf gewonnen, bis dieser Kampf endlich durch den Sieg über die Feinde, durch den Sieg über die Macht der Finsternis besiegelt ist. Das Volk von Berlin hat gesprochen. Wir haben unsere Pflicht getan, und wir werden unsere Pflicht weiter tun. Völker der Welt! Tut auch ihr eure Pflicht und helft uns in der Zeit, die vor uns steht, nicht nur mit dem Dröhnen eurer Flugzeuge, nicht nur mit den Transportmöglichkeiten, die ihr hierher schafft, sondern mit dem standhaften und unzerstörbaren Einstehen für die gemeinsamen Ideale, die allein unsere Zukunft und die auch allein eure Zukunft sichern können. Völker der Welt, schaut auf Berlin! Und Volk von Berlin, sei dessen gewiss, diesen Kampf, den wollen, diesen Kampf, den werden wir gewinnen!«

Am Rande der Protestkundgebung kam es zu Ausschreitungen. Wütende Berliner versuchten, die rote Fahne vom Brandenburger Tor zu holen. Es kam zu heftigen Zusammenstößen mit der Ostberliner Polizei. Ein 15-Jähriger wurde getötet, 60 Menschen wurden verletzt.

Ein wichtiger Grund für den Angriff kommunistischer Demonstranten auf die Berliner Stadtverordnetenversammlung am 6. September 1948 waren die für den Oktober vorgesehenen Wahlen zum Stadtparlament. Schon mit der ersten Wahl – im Oktober 1946 – war die SED nicht zufrieden gewesen. Sie hatte damals nur 19,8 % der Stimmen erhalten, die SPD erhielt dagegen 48,7 %, die CDU 22,2 % und die Liberalen (LDP) 9,3 %.

Bei den nächsten Wahlen befürchtete man, noch weniger Stimmen zu erhalten. Die SMAD verweigerte daraufhin die Abhaltung freier Wahlen in ganz Berlin. Am 30. November organisierte die SED stattdessen im Admiralspalast – das heutige Metropol-Theater am Bahnhof **Friedrichstraße** – eine außerordentliche Stadtverordnetenversammlung, die sich jedoch nur aus den Mitgliedern der SED-Fraktion und weiteren Angehörigen von Gewerkschaften und SED-nahen politischen Organisationen zusammensetzte. Die Versammlung beschloss – einstimmig – die Absetzung der infolge der Wahlen vom 20. Oktober 1946 zustande gekommenen Stadtregierung und bildete einen »provisorischen demokratischen Magistrat«. Die demokratisch nicht legiti-

mierte Versammlung wählte Friedrich Ebert – den Sohn des Reichspräsidenten der Weimarer Republik – zum Oberbürgermeister. Der regierte in Ostberlin bis 1956 ohne ein gewähltes Stadtparlament.

Die eigentlich in ganz Berlin vorgesehenen Wahlen konnten wegen der Weigerung der SMAD am 5. Dezember 1948 nur in Westberlin stattfinden. Die SED beteiligte sich daran nicht. Die SPD erhielt 64 %, die CDU 19,4 % und die Liberale Partei 16,1 % der Stimmen. Am 7. Dezember 1948 wurde Ernst Reuter von den Stadtverordneten in Westberlin zum Oberbürgermeister gewählt und konnte nun sein Amt antreten. Berlin hatte damit zum Ende des Jahres 1948 – dies sollte bis zum Ende der DDR 1990 so bleiben – nicht nur zwei Währungen, sondern auch zwei Stadtregierungen.

Die Blockade Westberlins wurde nach einer gemeinsamen Absprache der Alliierten am 4. Mai 1949 zum 23. Mai beendet. Die Teilung der Stadt jedoch blieb. Bereits ohne Mauer lief damit eine Grenze durch die Stadt, die im Herbst 1949 auch begann, beide Teile Deutschlands zu trennen. Die DDR und die Bundesrepublik wurden als selbständige Staaten gegründet.

Weiterführende Literatur:
Burghard Ciesela u. a. (Hrsg.): Sterben für Berlin? Die Berliner Krisen 1948–1958, Berlin 1999; Udo Wetzlaugk, Berliner Blockade und Luftbrücke 1948/49. Berlin 1998; Hartwig Bögeholz: Die Deutschen nach dem Krieg. Eine Chronik. Reinbek 1995; Axel Steinhage/Thomas Flemming: Berlin vom Kriegsende bis zur Wende. 1945–1989. Berlin 1995.

Neues Stadthaus
Büro der Bezirksverordnetenversammlung
Berlin-Mitte
Raum 309/310
Parochialstraße 1–3
10179 Berlin
Tel.: 20 09 24 550

Verkehrsverbindung: Die Parochialstraße 1–3 erreicht man am besten mit der U-Bahn. Sie liegt direkt am U-Bahnhof Klosterstraße.

Alliierten-Museum
Clayallee 135
14195 Berlin
Tel.: 81 81 99 0
E-Mail: info@AlliiertenMuseum.de
Internet: www.alliiertenmuseum.de

Öffnungszeiten: 10–18 Uhr (mittwochs geschlossen)
Führungen nach Vereinbarung

Verkehrsverbindung: Mit der U-Bahn U1 Richtung Krumme Lanke fährt man bis Station Oskar-Helene-Heim. Danach steigt man entweder in den Bus 115 oder 183. Beide fahren bis zur Station Alliierten-Museum.

Gedenkstätten B. Brecht und A. Seghers

Rückkehr aus der Emigration, Ankunft im Kalten Krieg

Die literarische Produktion von Bertolt Brecht und Anna Seghers hat nicht viele Gemeinsamkeiten. Brecht sah sich eher als »Stückeschreiber«. Er war bereits in der Weimarer Republik ein viel beachteter Schriftsteller. Viele seiner Theaterstücke – zum Beispiel »Mutter Courage« – sind bis heute weltberühmt. Anna Seghers schrieb eher Erzählungen und Romane. Sie wurde im mexikanischen Exil mit dem Roman »Das siebte Kreuz« international bekannt. Der in Augsburg geborene Brecht war nie Mitglied der KPD oder SED, die in Mainz geborene Anna Seghers dagegen war bereits 1928 der KPD beigetreten.

So verschieden beide waren, setzten sie sich nach der Rückkehr aus dem Exil – ohne offen sichtbaren Widerspruch zur SED – immer wieder öffentlich für die Belange der DDR ein. Beide, zumindest legen es ihre Interventionen nahe, verteidigten mit der DDR das Vermächtnis des »anderen Deutschland«, von dem im Exil nicht nur Kommunisten geträumt hatten.

Die Arbeits- und Wohnräume beider Schriftsteller sind heute noch in Berlin zu besichtigen. Die Brecht-Weigel-Gedenkstätte in der **Chausseestraße 125,** mitten im Zentrum gelegen, wird täglich von vielen Besuchern frequentiert. Die ehemalige Wohnung von Anna Seghers dagegen, in der – erst nach ihrem Tod so benannten – **Anna-Seghers-Straße 81,** außerhalb des Stadtzentrums im Bezirk Treptow gelegen, ist weniger bekannt. Ein Besuch in beiden Gedenkstätten ist jedem Berlin-Besucher ans Herz zu legen. (Telefonische Voranmeldung für Führungen ist empfohlen.) Der Besucher taucht in zwei dramatische Lebensgeschichten und Literaturproduktionen ein und wird mit der Ankunft zweier Emigranten im Kalten Krieg konfrontiert.

Bertolt Brecht, am 10. Februar 1898 in Augsburg geboren, publizierte bereits als 16-Jähriger in linksgerichteten Zeitungen. Während seines Medizinstudiums an der Münchner Universität entstanden erste Stücke. Die bis heute weltberühmte »Dreigroschenoper« schrieb er

Eingang zur Brecht-Weigel-Gedenkstätte im Hof der Chausseestraße 125.

Bertolt Brecht, Helene Weigel und Mitarbeiter des Berliner Ensembles auf der 1. Mai-Kundgebung 1951.

1928. Am 28. Februar 1933, dem Tag, an dem in Berlin der Reichstag brannte, floh Brecht mit seiner Frau Helene Weigel und dem Sohn Stefan aus der Stadt nach Prag. Weitere Stationen wurden Wien, Dänemark, Schweden, Finnland und die USA.

Im November 1947 wurde er vor den »Ausschuss zur Untersuchung unamerikanischer Betätigung« geladen, überstand das Verhör zwar unbeschadet, suchte danach jedoch eine Möglichkeit zur Rückkehr. Da die westlichen Behörden ihm eine Einreise in ihr Hoheitsgebiet verweigerten, ging er in die sowjetische Besatzungszone, nahm jedoch, hieran lässt sich deutlich seine Skepsis gegenüber der DDR erkennen, die DDR-Staatsbürgerschaft nie an. Seit 1950 war er Staatsbürger Österreichs. Die Rechte an seinen Publikationen erhielt der Suhrkamp-Verlag in Frankfurt/Main.

In Berlin übernahm Brecht zunächst die Generalintendanz des Deutschen Theaters. 1949 gründete er mit seiner Frau das »Berliner Ensemble«, das 1954 am heutigen **Bertolt-Brecht-**Platz sein eigenes Haus erhielt. (Erst sieben Jahre nach Brechts Tod, er starb am 14. August 1956, gab man dem vorher namenlosen Platz vor dem Theater diesen Namen.) Vom Beginn seiner Arbeit in der DDR an hielt Brecht sich nahe an der Macht, wahrte jedoch gleichzeitig Distanz.

Ganz auf der Linie der SED, die Sozialdemokraten und Konservative in der Bundesrepublik damals als »Vasallen des amerikanischen Imperialismus« angriff, die der alten imperialen Tradition Deutschlands nicht abgeschworen hätten, textete er im Mai 1950, anlässlich des von der FDJ (Freie Deutsche Jugend) organisierten »1. Deutschlandtreffens der Jugend« in Ostberlin: »Hoch zu Bonn am Rheine träumen zwei kleine / Böse alte Männer, einen Traum von Blut und Stahl. / Zwei böse Greise, listig und leise / Kochten gern ihr Süpplein am Weltenbrand noch einmal / Schumacher, Schumacher, dein Schuh ist zu klein, / In den kommt ja Deutschland gar nicht hinein. / Adenauer, Adenauer, zeig deine Hand! / Um dreißig Silberlinge verkaufst du unser Land.«

Zwischentöne waren dagegen nicht zu überhören, als Brecht am 17. Juni 1953 die Niederschlagung des Aufstandes guthieß, gleichzeitig jedoch zu einer allgemeinen Aussprache über die Ursachen und berechtigten Anliegen des Protestes aufforderte. Sein berühmtes Gedicht zum 17. Juni wurde erst im Nachlass gefunden: »Nach dem Aufstand des 17. Juni / Ließ der Sekretär des Schriftstellerverbandes / In der Stalinallee Flugblätter verteilen / Auf denen zu lesen war, dass das Volk / Das Vertrauen der Regierung verscherzt habe / Und es nur durch verdoppelte Arbeit / Zurückerobern könne. Wäre es da / Nicht einfacher, die Regierung / Löste das Volk auf und / Wählte ein anderes?«

Wer mehr Zeit hat, sollte unbedingt auch das ebenfalls als Gedenkstätte gestaltete Haus von Brecht und Weigel in **Buckow**, außerhalb Berlins, besuchen. Auch hier ist, wenn man eine Führung will, telefonische Voranmeldung zu empfehlen. In Buckow entstanden 1953

Brechts berühmte »Buckower Elegien«. Sie zeigen deutlich seine innere Zerrissenheit. Zum Beispiel im Gedicht »Panzereinheit, ich freue mich«, das man erneut als Kommentar zum 17. Juni lesen kann: »Panzereinheit, ich freue mich, dich schreibend/Und für den Frieden werbend zu sehen/Und ich freue mich, dass ihr schreibend/Und für den Frieden werbend, gepanzert seid.«

Politisch jedoch hatte sich Brecht – dessen Stücke von der SED sehr kritisch beäugt wurden, die Aufführung von »Das Verhör des Lukullus« wurde sogar erst nach massiven Streichungen gestattet – für die DDR entschieden. Am 17. August 1956 wurde er auf eigenen Wunsch in aller Stille auf dem Dorotheenstädtischen Friedhof, direkt neben seinem Haus in der Chausseestraße 125, beigesetzt. Zur offiziellen Trauerfeier im »Berliner Ensemble« jedoch, am 18. August, ließ es sich Walter Ulbricht nicht nehmen, den Schriftsteller selbst zu ehren. Helene Weigel führte das »Berliner Ensemble« bis zu ihrem Tod weiter. Sie starb am 5. Mai 1971.

Brecht und Weigel hatten sich die Beerdigung auf diesem Friedhof ausdrücklich gewünscht. Neben den Philosophen Hegel und Fichte befanden sich hier damals schon eine Gedenkstätte für den protestantischen Theologen und NS-Gegner Dietrich Bonhoeffer, das Grab des Mitglieds des Wehrmachts-Widerstandes Hans von Dohnanyi, die Ruhestätte von Heinrich Mann und vielen anderen bedeutenden Menschen des Widerstandes und der Emigration. Der Buchladen in der Brecht-Weigel-Gedenkstätte verkauft ein sehr informatives Buch von Alfred Etzold und Wolfgang Türck (»Der Dorotheenstädtische Friedhof«, Berlin 2002), das die Lage der einzelnen Grabstätten verzeichnet und Kurzbiographien der Toten enthält.

Nicht weit von Bertolt Brecht und Helene Weigel befindet sich auf dem Friedhof auch das Grab von Anna Seghers und ihrem Mann Laszlo Radvanyi, der in der DDR eine Professur an der Wirtschaftswissenschaftlichen Fakultät der Humboldt-Universität innehatte. Für kurze Zeit wohnte Seghers auch, bevor sie in den damaligen Neubau in Berlin-Adlershof in der Volkswohlstraße (heute **Anna-Seghers-Straße 81**) einzog, bei Brecht und Weigel. Als sie aus dem Exil nach Berlin zurückkehrte, war sie in Deutschland kaum bekannt.

Anna Seghers (eigentlich Netty Radványi, geborene Reiling) wurde am 19. November

Die Gräber von Brecht und Weigel auf dem Dorotheenstädtischen Friedhof.

Anna Seghers auf dem Schriftstellerbasar in der Berliner Stalinallee am 1. Mai 1955.

1900 in einer jüdischen Familie in Mainz geboren. Sie studierte in Heidelberg, heiratete 1925 und begann Romane und Erzählungen zu schreiben. Sie floh 1933 über die Schweiz nach Frankreich. Der Vorabdruck ihres weltberühmten Romans »Das siebte Kreuz« in der in Moskau erscheinenden Zeitschrift »Internationale Literatur« wurde 1939, nach dem Hitler-Stalin-Pakt, eingestellt. Ihre Eltern blieben in Deutschland. Seghers' Vater starb 1940 nach dem erzwungenen Verkauf des Hauses der Familie. Die Mutter wurde nach Polen deportiert und dort in einem Lager umgebracht. Die letzte Station der Flucht für Seghers war Mexiko, dort beteiligte sie sich an den Aktivitäten der kommunistischen Emigranten und schrieb.

Ihr Roman »Das siebte Kreuz« erschien vollständig zuerst im deutschen Exil-Verlag »El Libro Libre« (Verlagsleiter Walter Janka) in Mexiko und wurde 1944 in den USA verfilmt. Das Werk zeigte vor allem »ihre intuitive Kraft sich in die Gefühlswelt einfacher Leute hineinzudenken«, wie der Literaturkritiker Manfred Jäger schrieb. Helene Weigel, die Frau Brechts, spielte in dem Film eine Hauptrolle. Erst nach Seghers' Rückkehr nach Ber-

lin 1947 erschien der Roman auch in Deutschland – zunächst in der SBZ, erst in den 60er Jahren in der Bundesrepublik. Er galt in der DDR als eines der entscheidenden literarischen Werke über den Nationalsozialismus.

Wie Brecht engagierte sich auch Seghers früh im Rahmen der kommunistischen Weltfriedensbewegung und beteiligte sich an der von der DDR unterstützten Kampagne gegen die Wiederbewaffnung in der Bundesrepublik. Ihre Unterschrift fehlte auf keiner der vielen entsprechenden Erklärungen. 1950 wurde sie Präsidentin der Akademie der Künste der DDR (AdK), und seit 1952 (bis 1978) war sie Präsidentin des Schriftstellerverbandes.

Auch Seghers artikulierte ihre Kritik an der Politik der SED eher zwischen den Zeilen. Als z. B. 1956 der Leiter des Aufbau-Verlages Walter Janka verhaftet wurde, notierte das Ministerium für Staatssicherheit, das eine Akte über sie führte, zwar eine »empörte Haltung der Seghers zugunsten des Janka«, einen öffentlichen Protest wagte sie jedoch nicht. Seghers verfasste damals zwar mit anderen zusammen eine Resolution an das Zentralkomitee der SED. Die Unterzeichner erklärten darin, Janka genieße das Vertrauen der Unterzeichner und sie würden sich für ihn verbürgen. Die Resolution wurde jedoch nicht öffentlich bekannt. Eine Reaktion erhielten die Verfasser nicht.

Erst in Seghers' Nachlass fand sich die unfertige – inzwischen auch verfilmte – Erzählung »Der gerechte Richter« von 1957, in der Seghers den Prozess gegen Walter Janka kritisch reflektierte. Als Walter Janka 1991, er wusste damals von der Resolution der Seghers an das Zentralkomitee nichts, in seiner Autobiographie (»Spuren eines Lebens«, Berlin 1991) vom Schweigen Anna Seghers' während seines Prozesses 1957 berichtete, wurde die Erzählung zum ersten Mal veröffentlicht. Zu diesem Zeitpunkt war Seghers bereits viele Jahre tot. Sie starb am 1. Juni 1983 und wurde – wie Brecht und seine Frau – auf dem Dorotheenstädtischen Friedhof beerdigt.

Weiterführende Literatur:
Alfred Etzold/Wolfgang Türck: Der Dorotheenstädtische Friedhof. Berlin 2002; Klaus Völker: Bertolt Brecht. Berlin 1999; Gerhard Bienert: Ein Leben in tausend Rollen. Berlin 1989; Bertolt Brecht: Gesammelte Werke. 20 Bände, Frankfurt/M. 1967; Werner Mittenzwei: Die Intellektuellen. Literatur und Politik in Ostdeutschland 1945 bis 2000. Leipzig 2001; Christiane Zehl Romero: Anna Seghers. Berlin 2003; Ute Brandes: Anna Seghers. Berlin 1992. (Eine Gesamtausgabe der Werke von Anna Seghers bereitet der Aufbau-Verlag derzeit vor.)

Brecht-Weigel-Gedenkstätte
Chausseestraße 125
10115 Berlin
Tel.: 28 30 57 044
E-Mail: pfeil@adk.de
Internet: www.adk.de/deutsch/ori_adr_fst.html
Öffnungszeiten: Besuch nur mit Führung in Gruppen bis 8 Personen möglich
Dienstag–Freitag 10–12 Uhr
(Donnerstag auch 17–19 Uhr)
Samstag 9.30–14 Uhr (immer halbstündlich)
Sonntag 11–18 Uhr (stündliche Führungen)
(montags und feiertags geschlossen)
Verkehrsverbindung: Am Bahnhof Friedrichstraße steigt man in die U-Bahn U6 und fährt eine Station bis zum U-Bahnhof Oranienburger Tor. Dort läuft man noch ein kurzes Stück die Chausseestraße entlang, auf der linken Seite liegen Friedhof und Brecht-Haus.

Berliner Ensemble
Bertolt-Brecht-Platz
10117 Berlin
Kasse: 282 08 155
E-Mail: berlinerensemble@bln.de
Verkehrsverbindung: Am Bahnhof Friedrichstraße läuft man ein kleines Stück die Friedrichstraße in nördlicher Richtung, direkt hinter der Brücke biegt man links in den Schiffbauerdamm ein und steht damit praktisch schon vor dem Theater.

Brecht-Weigel-Haus
Bertolt-Brecht-Straße 29
15377 Buckow
Tel.: 033433/467
Verkehrsverbindung: Vom Bahnhof Lichtenberg fährt man mit dem Zug in Richtung Küstrin. In Müncheberg aussteigen. Vor dem Bahnhof in Müncheberg fährt ein Bus nach Buckow. Er hält am Marktplatz in Buckow. Nicht weit entfernt liegt die Bertolt-Brecht-Straße.

Anna-Seghers-Gedenkstätte
Anna-Seghers-Straße 81
12489 Berlin
Tel.: 67 74 725
Internet: www.anna-seghers.de
Öffnungszeiten:
Dienstag und Mittwoch 10–16 Uhr
Donnerstag 10–18 Uhr
(sonst nach Vereinbarung)
Verkehrsverbindung: Vom S-Bahnhof Adlershof läuft man in die Dörpfeldstraße hinein und biegt gleich in die erste Straße links. Das ist bereits die Anna-Seghers-Straße.

Centrum Judaicum

Antifaschismus mit blinden Flecken

Heute gehört die Synagoge in der **Oranienburger Straße** mit ihrer weithin sichtbaren goldenen Kuppel wieder zum Stadtbild Berlins. Als die DDR noch existierte, waren hier nur Reste einer Ruine zu sehen. Mit ehemals 3 200 Sitzplätzen war die 1866 eingeweihte Synagoge im 19. Jahrhundert das größte jüdische Gotteshaus Deutschlands. Zwar befindet sich in der **Oranienburger Straße 29** heute noch eine Synagoge, das Gebäude des ehemaligen Gotteshauses ist jedoch ein Denkort, ein Museum geworden. Vor der Tür stehen Polizisten. Wie der Besucher sieht, müssen »jüdische Orte« in Deutschland vor antisemitischen Angriffen geschützt werden.

Erst im Jahr 1988 begann die Rekonstruktion des Gebäudes. Im Juli jenes Jahres wurde die Stiftung »Centrum Judaicum« gegründet. Am 10. November 1988, dem 50. Jahrestag des Pogroms von 1938, fand die symbolische Grundsteinlegung statt. Seit Mai 1995 existiert hier die ständige Ausstellung »Tuet auf die Pforten« zur Geschichte der Synagoge. Vor 1933 gab es in dieser Gegend mehr als 300 Einrichtungen der jüdischen Gemeinde.

Die Umstände der Rekonstruktion der Synagoge noch zu den Zeiten der SED 1988 sind höchst bemerkenswert. Daniel Feurstein beschrieb sie zehn Jahre später in einer Tageszeitung so: »Im Herbst (1988 – d. Verf.) kommt Edgar Bronfmann, Präsident des Weltkongresses, im Privatjet in die DDR-Hauptstadt gereist. Soldaten der Nationalen Volksarmee rollen den roten Teppich aus. Lächelnd tritt Honecker auf Bronfmann zu und begrüßt ihn wie einen Genossen aus alten Tagen. Wunderliche Politik: Kurz zuvor hat er ihn noch einen ›Agenten des US-Imperialismus‹ genannt. Doch seit Mitte der achtziger Jahre orientiert sich die DDR um. Honecker will unbedingt ins Weiße Haus eingeladen werden, auch um den Außenhandel mit den USA anzukurbeln. Und Bronfmann soll in Washington ein gutes Wort für den DDR-Staatschef einlegen. Als Dankeschön versprach die Arbeiter-und-Bauern-Republik, die einst größte Synagoge Deutschlands wiederaufzubauen. Nur allzu viel kosten darf der Wiederaufbau nicht, denn die DDR steht kurz vor dem Bankrott. Das Politbüro findet eine günstige Lösung. Es will den Wiederaufbau mit internationalen Spenden finanzieren, Geld, das eine Stiftung eintreiben soll. Am 4. Juli 1988 wird die Stiftung »Neue Synagoge – Centrum Judaicum« per Verordnung auf den Weg gebracht. Bronfmann ist der erste, dem Honecker die Sammelbüchse hinhält.«

Während des Novemberpogroms 1938 war die Synagoge geschändet und ihr Innenraum in Brand gesetzt worden, sie brannte jedoch nicht aus. Die von der Gemeinde alarmierte Polizei hat hier – in dieser Nacht wurden in Deutschland 260 Synagogen und 7 500 Geschäfte zerstört, 26 000 Menschen verhaftet und 90 ermordet – die SA vertrieben. Der örtliche Polizeivorsteher Wilhelm Krützfeld alarmierte sogar die Feuerwehr und sorgte zusätzlich dafür, dass eine Brandwache der Feuerwehr am Ort blieb.

Ein letzter Gottesdienst fand hier im März 1940 statt. Etwa 90 000 Juden aus Berlin gelang bis 1941 die Emigration, rund 55 000 wurden – die meisten von einem Bahnsteig des **S-Bahnhofs Grunewald** aus, nachdem sie, nahe

Am Ort des einst größten jüdischen Gotteshauses in Deutschland entstand in der Oranienburger Straße ein neues Centrum Judaicum als Ausstellungsort und Dokumentationszentrum.

Die Ruine der Synagoge vor Beginn der Rekonstruktionsarbeiten 1988.

der Synagoge in der Oranienburger Straße, in der **Großen Hamburger Straße** versammelt wurden – in Konzentrationslager gebracht und dort ermordet. 1940 beschlagnahmte die Wehrmacht die Synagoge. Am 23. November 1943 wurde das Gotteshaus bei einem Bombenangriff schwer beschädigt, 1958 ließ Walter Ulbricht den Hauptturm sprengen, seither stand nur noch der Rest als Ruine. Gottesdienste der jüdischen Gemeinde in Ostberlin fanden in der kleineren Synagoge in der **Rykestraße 53,** in der Nähe des Kollwitzplatzes, in Prenzlauer Berg statt.

»Bis zu ihrem Untergang unterhielt die DDR keine diplomatischen Beziehungen zu Israel, zahlte keine Wiedergutmachung an einzelne Juden oder Israel, blieb ein loyaler Verbündeter der PLO und der arabischen Staaten und behandelte den Holocaust als Randerscheinung«, resümierte der Historiker Jeffrey Herf in seiner Studie »Zweierlei Erinnerung« (Berlin 1998) über die Politik der DDR gegenüber Juden und Israel.

Unmittelbar nach dem Ende des Nationalsozialismus zählte die jüdische Gemeinde des noch nicht geteilten Berlin etwa 6 500 Mitglieder (160 564 waren es 1933 gewesen, ein Drittel der Juden in Deutschland lebte damals in Berlin), ca. 2 500 von ihnen wohnten in den östlichen Bezirken der Stadt. 1321 von ihnen hatten sich bis 1945 versteckt, 1 628 die Konzentrationslager überlebt. 560 Thorarollen waren auf dem jüdischen Friedhof in der **Herbert-Baum-Straße 54** in Weißensee versteckt worden.

1955 lebten in der gesamten DDR nur noch 1 715 jüdische Gemeindemitglieder, 1976 noch 726, im Herbst 1989 zählte der Verband jüdischer Gemeinden lediglich noch 372 Mitglieder. Viele Überlebende oder aus der Emigration zurückkehrende Juden glaubten zunächst, in der sich selbst als »antifaschistisch« bezeichnenden DDR würden antisemitische Verfolgungen ausgeschlossen sein.

Diese Hoffnung wurde zur Jahreswende 1952/53 heftig erschüttert. Nach antisemitischen Prozessen in der Sowjetunion und der Tschechoslowakei startete die SED eine Kampagne gegen »Kosmopolitismus« – gemeint war internationalistisches Verhalten – und »Zionismus« – gemeint war hier auch jüdische Herkunft –, die sie erst Mitte 1953 nach Stalins Tod stoppte. Die jüdische Gemeinde wurde als Agentur des US-Imperialismus bezeichnet, die SED unterstellte ihr, der verlängerte Arm der US-Politik in der DDR zu sein. Bei vielen Juden in der DDR fanden Hausdurchsuchungen statt.

Bis zum März 1953 flohen daraufhin 556 Juden aus der DDR. Unter ihnen der Vorsitzende der Ostberliner Gemeinde Julius Meyer – er war auch Abgeordneter der Volkskammer der DDR – und die Vorsitzenden der Gemeinden aus Leipzig, Dresden und Erfurt. Der größte Teil der Gemeindeverwaltung und die Gemeindebibliothek wurden aus Ostberlin nach Westberlin gebracht. Die VVN (Vereinigung der Verfolgten des Naziregimes), in der viele Juden organisiert waren, wurde aufgelöst und durch das »Komitee der antifaschistischen Widerstandskämpfer« ersetzt, in dem der jüdische Einfluss nur noch gering war. Die bis dahin in ganz Berlin gemeinsam organisierte jüdische Gemeinde teilte sich in Ost und West. Im November 1955 eröffnete die jüdische Gemeinde in Westberlin ihren eigenen Friedhof in der **Heerstraße 141** und war damit vom Friedhof Weißensee unabhängig.

Die Idee einer Wiedergutmachung wurde von der SED abgelehnt. Das Mitglied des SED-Politbüros Paul Merker, der nicht jüdischer Herkunft war, verhaftete man unter dem Vorwurf, im Exil »zionistische Auffassungen« vertreten zu haben. Tatsächlich war die Exilorganisation der KPD in Mexiko, der Merker nach seiner Flucht aus Deutschland angehört hatte, die einzige KPD-Gliederung, die sich während des Nationalsozialismus für eine Wiedergutmachung gegenüber den Juden eingesetzt hatte. Merker habe, so der absurde Vorwurf 1952, die Entschädigung der von den Nazis geraubten jüdischen Vermögen nur gefordert, um dem US-Finanzkapital das Eindringen in Deutschland zu ermöglichen. Er wurde im März 1955 in einem Geheimprozess zu acht Jahren Haft verurteilt, jedoch im Frühjahr 1956 entlassen.

Bis zum Anfang der 80er Jahre wurde das moderne Judentum in der DDR kaum thematisiert. Auch Publikationen zum Holocaust gab es nur vereinzelt.

Der Philosoph und Altphilologe Rudolf Schottlaender, der bis 1965 an der Humboldt-Universität lehrte, erstellte Anfang der 60er Jahre eine Dokumentation über die Wissenschaftler, die durch die Nationalsozialisten von der Berliner Universität vertrieben wurden. Sie konnte in der DDR nicht erscheinen. Wie Schottlaender informell erfuhr: »weil zu viele Juden darin vorkämen und die Zionisten Kapital daraus schlagen könnten«. Das Buch erschien 1988 in Westberlin.

In späteren Jahren wollte sich die DDR immer noch nicht zu einer Wiedergutmachung entschließen. 1976 unterbreitete jedoch die Zentralleitung des »Komitees der antifaschistischen Widerstandskämpfer« der New Yorker »Konferenz über jüdische Ansprüche gegenüber Deutschland« ein eher symbolisches Angebot, »bedürftigen Bürgern der USA jüdischen Glaubens, die vom Naziregime verfolgt wurden, aus humanitären Gründen einmalig eine finanzielle Unterstützung« von insgesamt einer Million Dollar zu gewähren. Dieser Vorschlag wurde wegen der geringen finanziellen Mittel als nicht ernst gemeint zurückgewiesen.

Einweihung eines jüdischen Gedenksteins auf dem Friedhof der Israelitischen Synagogen-Gemeinde Adass Jisroel durch den DDR-Staatssekretär für Kirchenfragen Klaus Gysi 1988 in Berlin-Weißensee.

1987 nahm die DDR im Rahmen ihrer vorsichtigen Öffnung gen Westen mit dem Jüdischen Weltkongress Verhandlungen über mögliche Entschädigungen für Juden deutscher Herkunft auf und gestattete die Einsetzung eines neuen Rabbi in Ostberlin. Eine Einigung über Entschädigungsleistungen kam allerdings nicht zustande. (Viele wichtige Informationen zum jüdischen Leben in beiden deutschen Nachkriegsstaaten erhält man im Jüdischen Museum Berlin, in der **Lindenstraße 9–14.**)

Erst die erste frei gewählte Volkskammer der DDR beschloss auf Initiative des Bürgerrechtlers Konrad Weiß im April 1990: »Wir, die ersten frei gewählten Parlamentarier der DDR, bekennen uns zur Verantwortung der Deutschen in der DDR für ihre Geschichte und ihre Zukunft und erklären einmütig vor der Weltöffentlichkeit: Durch Deutsche ist während der Zeit des Nationalsozialismus den Völkern der Welt unermessliches Leid zugefügt worden. Nationalismus und Rassenwahn führten zum Völkermord, insbesondere an den Juden aus allen europäischen Ländern, an den Völkern der Sowjetunion, am polnischen Volk und am Volk der Sinti und Roma. ... Wir bitten die Juden in aller Welt um Verzeihung für Heuchelei und Feindseligkeit der offiziellen DDR-Politik gegenüber dem Staat Israel und für die Verfolgung und Entwürdigung jüdischer Mitbürger auch nach 1945 in unserem Lande.«

Weiterführende Literatur:
Moshe Zuckermann (Hrsg.): Zwischen Politik und Kultur. Juden in der DDR. Göttingen 2002; Andreas Nachama u. a. (Hrsg.): Juden in Berlin. Berlin 2001; Bill Rebiger: Das jüdische Berlin, Berlin 2000; Jeffrey Herf: Zweierlei Erinnerung. Berlin 1998; Jüdisches Museum Berlin (Hrsg.): Geschichten einer Ausstellung. Zwei Jahrtausende deutsch-jüdischer Geschichte. Berlin 2001.

**Stiftung »Neue Synagoge Berlin –
Centrum Judaicum«**
Oranienburger Straße 28/30
10117 Berlin
Internet: http://www.cjudaicum.de

Öffentliche Führungen: Sonntag 14 und 16 Uhr,
                          Mittwoch 16 Uhr
Anmeldung für Führungen: Frau Cohen-Sauerbaum
Tel.: 88 028-316
Fax: 88 028-320
E-Mail: cohen@cjudaicum.de

Verkehrsverbindung: Vom S-Bahnhof Friedrichstraße
mit der S1 oder S2 Richtung Buch, am S-Bahnhof
Oranienburger Straße aussteigen, hier befinden sich
Stiftung und Synagoge.

Synagoge Oranienburger Straße
Oranienburger Straße 29
10117 Berlin
Tel: 345 43 64

Öffnungszeiten: täglich 10–17.30 Uhr,
                   Freitag 10–13.30 Uhr

Synagoge Rykestraße
Rykestraße 53
10405 Berlin
Tel: 448 52 98

Verkehrsverbindung: Mit der U-Bahn U2 bis zum
Senefelder Platz. Von dort zu Fuß die Kollwitzstraße
entlang bis zum Kollwitzplatz, rechts in die Knaack-
straße einbiegen und dann links in die Rykestraße.

Jüdischer Friedhof Weißensee
Herbert-Baum-Straße 45
13088 Berlin
Tel: 925 33 30

Verkehrsverbindung: Vom Alexanderplatz mit der
Tram 4 Richtung Falkenberg bis zur Haltestelle
Albertinenstraße. Ein kurzes Stück entgegen der
Fahrtrichtung zurücklaufen, in die Herbert-Baum-
Straße einbiegen und bis zum Ende durchlaufen. Dort
befindet sich der Friedhof.

Jüdischer Friedhof Heerstraße/Scholzplatz
Heerstraße 141
14055 Berlin
Tel: 304 32 34

Verkehrsverbindung: Vom S-Bahnhof Pichelsberg
läuft man 5 Minuten die Schirwindter Allee entlang
und biegt rechts in die Heerstraße ein. Der Friedhof
befindet sich auf der linken Straßenseite.

**Denkmal für die aus Berlin in die Vernichtungslager
deportierten Juden**
S-Bahnhof Grunewald

Verkehrsverbindung: Mit der S-Bahn S7 fährt man
vom Bahnhof Zoo in Richtung Wannsee und steigt
am S-Bahnhof Grunewald aus. Das Denkmal befindet
sich an einem stillgelegten Transportgleis des Bahn-
hofs, das man über den Platz direkt am Bahnhof erreicht.

**Denkmal vor dem Alten Jüdischen Friedhof
für die deportierten Juden**
Große Hamburger Straße

Verkehrsverbindung: Vom S-Bahnhof Hackescher
Markt in die Oranienburger Straße einbiegen, die
erste Querstraße rechts ist die Große Hamburger und
wiederum gleich rechts befindet sich der Alte Jüdische
Friedhof und der Gedenkstein von Will und Mark
Lammert.

Jüdisches Museum Berlin
Lindenstraße 9–14
10969 Berlin
Tel.: 308785-681
E-Mail: info@jmberlin.de oder
fuehrungen@jmberlin.de

Öffnungszeiten: Montag 10–22 Uhr
                   Dienstag–Sonntag 10–20 Uhr
(letzter Einlass dienstags bis sonntags 19 Uhr,
montags 21 Uhr, geschlossen: 24. Dezember, Rosch
ha-Schana am 27. und 28. September 2003,
Jom Kippur am 6. Oktober 2003)
Eintritt für Erwachsene: 5 Euro, ermäßigt: 2,50 Euro
(Kinder bis zum 6. Lebensjahr: Eintritt frei)

Verkehrsverbindung: Mit der U-Bahn U1, U6 oder
U15 zur Station Hallesches Tor und die Lindenstraße
in nördlicher Richtung bzw. mit dem Bus 240 direkt
bis zur Station Am Jüdischen Museum.

Karl-Marx-Allee/Café Sibylle

Der Volksaufstand vom 17. Juni 1953

Die ehemalige Stalinallee – heute **Karl-Marx-Allee** – war nicht zufällig Ausgangspunkt des Volksaufstands am 17. Juni 1953. Mit der heute immer noch erkennbaren sozialistischen Prachtstraße, die inzwischen unter Denkmalschutz steht, verwirklichte die DDR in den 50er und 60er Jahren ein riesiges Bauprojekt nach sowjetischem Vorbild. Die Straße sollte die Überlegenheit des Sozialismus gegenüber dem Kapitalismus beweisen.

Das Politbüro der SED selbst dirigierte die Arbeit der Architekten, Walter Ulbricht griff sogar persönlich ein. Mit kühnem Federstrich entfernte der Parteichef z. B. ihm überflüssig erscheinende Grünanlagen aus den Planungsunterlagen und kommentierte dies in der ihm eigenen Mundart: »Ich diskutiere nicht über die Beeme, ich diskutiere über Häuser.«

Die Bevölkerung der DDR hatte damals ihre eigenen Auffassungen über den Fortschritt des Sozialismus in der DDR. Die am 16. Juni 1953 von der Baustelle Stalinallee in die Innenstadt ziehenden Bauarbeiter reimten zunächst noch: »Kollegen reiht euch ein, wir wollen freie Menschen sein!« Später skandierten sie ziemlich prosaisch: »Der Spitzbart« – gemeint war Walter Ulbricht – »muss weg!«

Von der Atmosphäre der 50er Jahre in der

Die beiden Türme des Frankfurter Tors markieren den Beginn der Karl-Marx-Allee auf östlicher Seite; am Horizont der Fernsehturm am Alexanderplatz.

DDR ist natürlich heute kaum noch etwas spürbar. Für eine Annäherung jedoch eignet sich besonders gut das »Café Sibylle« in der **Karl-Marx-Allee 72** und die »Karl-Marx-Buchhandlung« ein paar Schritte weiter. Erich Kundel, Eigentümer der Buchhandlung, bietet auch Stadtrundgänge und Seminare der politischen Bildung zur Geschichte der Stalinallee und des 17. Juni an. Telefonische Voranmeldung ist unerlässlich. In der gut sortierten Buchhandlung kommen – mittlerweile eine Rarität in Berlin – Liebhaber der sozialistischen Klassiker auf ihre Kosten. Auch wer nach autobiographischen Erinnerungen der abgewählten DDR-Elite sucht, wird hier fündig.

Im »Café Sibylle« findet man eine sehenswerte Ausstellung zur Geschichte der Stalinallee. Sie zeigt, dass die Ursachen des 17. Juni weit vor dem Ereignis selbst liegen. 1952 hatte die SED auf ihrer II. Parteikonferenz einen forcierten Aufbau des Sozialismus beschlossen. Dies bedeutete einen verstärkten Ausbau der Schwerindustrie zu Lasten der Konsumgüterindustrie und folglich auf Kosten der Lebensqualität. Die Arbeitsnormen wurden um zehn Prozent erhöht, die Löhne sanken. Proteste versuchte man im Keim zu ersticken. Die Zahl der Häftlinge stieg rapide, die Zahl der Flüchtlinge ebenfalls.

Ein Konflikt mit der Bevölkerung zeichnete sich ab, so dass die Führung der KPdSU, die den Tod Stalins (er starb am 5. März 1953) gerade erst überwunden hatte, Mitglieder des Politbüros der SED nach Moskau bestellte und Walter Ulbricht Anfang Juni einen »neuen Kurs« diktierte. Noch aus Moskau telegrafierten die beim »großen Bruder« Vorgeladenen nach Berlin, dass die Formulierung »beschleunigter Aufbau des Sozialismus in der DDR« ab sofort nicht mehr verwendet werden solle.

Das war jedoch noch nicht alles. Am 11. Juni räumte das Politbüro des ZK der SED eine Reihe von Fehlern ein und nahm viele vorherige Entscheidungen wieder zurück.

Doch von einer Rücknahme der erhöhten Arbeitsnormen war im Politbüro-Kommuniqué nichts zu lesen, und so kam es seit dem

Das »Cafe Sibylle« hat seine äußere Erscheinung bis heute erhalten. Im Innern finden sich Dokumente zur Geschichte der Stalinallee.

15. Juni auf verschiedenen Baustellen Ostberlins zu Arbeitsverweigerungen, Diskussionen und kleineren Demonstrationen. In der Ausstellung im »Café Sibylle« ist zum ersten Mal die Kopie eines Protestbriefes zu sehen, den der Vorsitzende der Betriebsgewerkschaft der Baustelle des Krankenhauses Friedrichshain – nicht weit entfernt, in der Landsberger Allee 49 –, Kollege Fetting, im Auftrage seiner Kollegen an den DDR-Ministerpräsidenten Grotewohl geschickt hatte. »Unsere Belegschaft«, heißt es da, »ist der Meinung, dass die 10 %ige Normerhöhung für uns eine große Härte ist. Wir fordern, dass von dieser Normerhöhung auf unserer Baustelle Abstand genommen wird.« Man erwarte eine »unverzügliche« und »befriedigende« Stellungnahme bis zum Mittag des 16. Juni, heißt es weiter.

Das Fass zum Überlaufen brachte ein Artikel in der Zeitung des Freien Deutschen Gewerkschaftsbundes (FDGB): »Die Beschlüsse über die Erhöhung der Normen sind in vollem Umfang richtig«, stand dort am 16. Juni geschrieben. Um 10.25 Uhr desselben Tages verließen deshalb Bauarbeiter des Blocks 40 der Stalinallee ihre Baustelle – der Block befindet sich im Weidenweg, einen Durchgang und eine Erinnerungstafel findet man von der Karl-Marx-Allee 105 aus – und lösten damit einen Aufstand aus, den die DDR ohne das Eingreifen sowjetischer Panzer nicht überlebt hätte.

Die Bauarbeiter, denen sich immer mehr Menschen anschlossen, zogen zunächst zu ihren Kollegen der Baustelle des Krankenhauses Friedrichshain und mit ihnen zusammen in die Innenstadt. Ihr erstes Ziel war das Haus des FDGB, das sich damals in der nicht weit entfernten Wallstraße befand. Es war jedoch verschlossen. Der Demonstrationszug bewegte sich deshalb weiter zum Haus der Ministerien an der Ecke Leipziger Straße und Wilhelmstraße, dem früheren Reichsluftfahrtministerium. (Hier – heute sitzt der Bundesminister für Finanzen in diesem Gebäude – ist ein großes Mahnmal für die Aufständischen zu sehen.) Weder Parteichef Ulbricht noch Ministerpräsident Grotewohl wollten jedoch zu

Treffpunkt zum Generalstreik am 17.Juni 1953 war der U-Bahnhof Strausberger Platz in der Stalinallee. Von hier aus zogen die Demonstranten zum Haus der Ministerien.

den Demonstranten sprechen. Nur der Minister für Erzbergbau und Hüttenwesen Fritz Selbmann und das damalige SED-Mitglied Professor Robert Havemann, in den 60er und 70er Jahren der wichtigste sozialistische DDR-Dissident, brachten genug Mut auf, sich den Demonstranten zu stellen. Sie wurden jedoch ausgebuht und niedergeschrien.

Eine Rundfunkmeldung um 14 Uhr, das Politbüro habe die Arbeitsnormen zurückgenommen, erreichte die Demonstranten nicht mehr. Sie forderten inzwischen mehr: den Rücktritt der Regierung und freie Wahlen. Da sich die Repräsentanten des Staates einer Diskussion entzogen, verbreitete sich eine weitere Forderung wie ein Lauffeuer: Generalstreik am nächsten Tag ab 7 Uhr. Bis in die späte Nacht hinein wurde in Ostberlin demonstriert. Noch am späten Nachmittag des 16. Juni brachte eine Delegation der Streikenden einen Forderungskatalog – Auszahlung der Löhne nach alten Normen, Senkung der Lebenshaltungskosten, freie und geheime Wahlen, keine Maßregelung der Streikenden und ihrer Sprecher, Generalstreik – zum »Rundfunk im Amerikanischen Sektor« (RIAS) am Hans-Rosenthal-Platz in Westberlin. Der RIAS verbreitete die Forderungen, ohne den Generalstreikaufruf, seit den Abendstunden in seinen Nachrichtensendungen. In den Meldungen der Nacht wurde der Strausberger Platz in Berlin als Treffpunkt der Demonstranten für den nächsten Tag genannt.

In den frühen Morgenstunden des 17. Juni wurde deutlich, dass sich die ganze DDR im Aufruhr befand. In vielen Orten waren Einsatzkräfte der Polizei und des MfS völlig überfordert und mussten sich teilweise vor der Übermacht des Protestes zurückziehen. Im Zentrum Ostberlins versammelten sich trotz strömenden Regens ca. 100 000 Protestierende. 12 000 Arbeiter des Stahl- und Walzwerkes in Hennigsdorf marschierten sogar quer durch den französischen Sektor Berlins in die Stadtmitte. Auf dem Potsdamer Platz, der sein Gesicht heute völlig verändert hat, stürmten Demonstranten eine Polizeiwache und steckten sie in

Brand. Kurz nach 11 Uhr holten unter dem Beifall einer großen Menge zwei Ost- und ein Westberliner die rote Fahne vom Brandenburger Tor und ersetzten sie durch eine schwarzrotgoldene. In über 560 Ortschaften der DDR kam es zwischen dem 17. und 21. Juni 1953 zu Streiks, Demonstrationen und Belagerungszuständen. Mehr als 1,5 Millionen Menschen waren an den Protesten beteiligt. Eine gemeinsame politische oder gewerkschaftliche Struktur der Protestierenden entstand jedoch nicht.

In Ostberlin rollten schon gegen 10 Uhr sowjetische Panzer in Richtung Stadtzentrum, in den Bezirken der DDR griffen die sowjetischen Besatzungstruppen erst im Laufe des Nachmittags ein. 16 Divisionen wurden insgesamt gegen die Aufständischen mobilisiert, drei Divisionen mit 600 Panzern allein in Berlin. 20 000 sowjetische Soldaten und 15 000 Polizisten waren in Ostberlin im Einsatz. In 167 der 217 Stadt- und Landkreise der DDR wurde der Ausnahmezustand verhängt. Ab 13 Uhr trat er in Berlin in Kraft. Heinz Brandt – Auschwitz-Überlebender, 1953 SED-Funktionär, später Journalist der Gewerkschaften der Bundesrepublik, erster politischer DDR-Häftling, den die Menschenrechtsorganisation »Amnesty International« durch eine große Kampagne aus der Haft frei bekam – formulierte am 17. Juni sarkastisch: »Jetzt begrüßen wir die Panzer Unter den Linden, die uns von den Arbeitern befreien, die wir hatten befreien wollen.«

Zwischen 50 und 125 Menschen starben im Verlauf des Aufruhrs, 18 sollen von den sowjetischen Besatzungsbehörden standrechtlich erschossen worden sein, auch einige Angehörige der Roten Armee, die sich geweigert hatten, an Hinrichtungen teilzunehmen. Dokumente darüber gibt es bis heute allerdings nicht. Für sieben von ihnen findet man einen schlichten Gedenkstein in der **Potsdamer Chaussee**. Ungefähr 7 500 Menschen wurden vorübergehend inhaftiert, 1 200 von ihnen verurteilt und vier erhielten die Todesstrafe. Auch für den Autor des erwähnten Protestbriefes vom 15. Juni, Fetting, Vorsitzender der Betriebsgewerkschaftsleitung des Krankenhauses Friedrichshain, lautete das Urteil zehn Jahre Haft. Acht in Westberliner Krankenhäusern verstorbene Opfer des 17. Juni haben ihre letzte Ruhestätte auf dem »Urnenfriedhof« in der **Seestraße 92/93** gefunden. Ein 1955 errichtetes Mahnmal erinnert dort ebenfalls an die Opfer des Aufstandes.

Für die SED war besonders bedrohlich, dass große Teile ihrer Mitgliedschaft sich mit den Streikenden solidarisiert oder zumindest ihre Sympathie bekundet hatten. Bis 1954 tauschte die SED deshalb 62 % der Mitglieder ihrer Bezirksleitungen und über 50 % der Mitglieder ihrer Kreisleitungen aus. Der Justizminister der DDR, Max Fechner – ein ehemaliger Sozialdemokrat, in der Nazizeit mehrfach inhaftiert –, der in einem Interview erklärt hatte, dass man für einen Streik nicht gemaßregelt werden könne, wurde daraufhin inhaftiert, im Juli 1953 aus der Partei ausgeschlossen und zu

acht Jahren Zuchthaus verurteilt. 1956 wurde er jedoch aus der Haft entlassen und wieder in die Partei aufgenommen. Sein Grab findet man deshalb auch in der »Gedenkstätte der Sozialisten« auf dem Zentralfriedhof Friedrichsfelde in der Lichtenberger Gudrunstraße.

Schlagartig wurde klar, dass die Macht der SED letztlich auf den Gewehrläufen der Sowjetarmee beruhte. Auch das MfS hatte versagt. Den Aufstand hatte es nicht vorausgesehen. Sein damaliger Chef, Wilhelm Zaisser, wurde deshalb seines Amtes enthoben. Bereits am 18. Juni mussten die ersten Brigaden der Bauarbeiter an der Stalinallee wieder arbeiten.

Weiterführende Literatur:
Arnulf Baring: Der 17. Juni 1953. Stuttgart 1983; Manfred Hagen: DDR Juni '53 – Die erste Volkserhebung im Stalinismus. Berlin 1992; Thomas Flemming, Kein Tag der deutschen Einheit. 17. Juni 1953. Berlin 2003; Hubertus Knabe: 17. Juni 1953. Berlin 2003. Außerdem im Internet: http://www.17Juni53.de

Café Sibylle
Sitz des Fördervereins Karl Marx Allee e.V.
Karl-Marx-Allee 72
10243 Berlin
Tel.: 29 35 22 03
Internet: http://www.kma-berlin.de/

Verkehrsverbindung: Mit der U-Bahn Linie U5 entweder bis zum U-Bahnhof Strausberger Platz und die Karl-Marx-Allee in östlicher Richtung entlang laufen. Das Café befindet sich dann nach wenigen Minuten auf der rechten Straßenseite. Oder bis zum U-Bahnhof Weberwiese fahren und die Karl-Marx-Allee in westlicher Richtung zurück laufen. Das Café befindet sich dann auf der linken Straßenseite.

Karl-Marx-Buchhandlung
Karl-Marx-Allee 78
10243 Berlin
Tel: 29 33 37–0
E-Mail: kundel@kma-berlin.de (Erich Kundel)

Urnenfriedhof Seestraße
Seestraße 92/93
13347 Berlin

Verkehrsverbindung: Mit der U-Bahn Linie U6 bis Seestraße. Der Friedhof befindet sich direkt dort.

Gedenkort für sowjetische Soldaten, die sich weigerten, standrechtliche Erschießungen vorzunehmen, und deshalb selbst hingerichtet wurden (und Mahnmal für die Opfer des 17. Juni)
Potsdamer Chaussee
(nahe bei der Quantzstraße)
14129 Berlin

Verkehrsverbindung: Vom S-Bahnhof Wannsee mit dem Bus 211 Richtung Krumme Lanke. Er hält an der Quantzstraße. Von dort läuft man ein kleines Stück gegen die Fahrtrichtung zurück und erkennt die Gedenkstätte in der Mitte der Straße an einem hohen Holzkreuz.

Majakowskiring

Die Wohnzimmer der Macht in Pankow und Wandlitz

Die Wohnungen der SED-Oberen selbst sind nicht zu besichtigen, allerdings kann man sich am **Majakowskiring** einen ungefähren Eindruck davon verschaffen, wo und wie SED-Funktionäre lebten. An manchen Tagen begegnet man hier auch noch Egon Krenz, der seit Anfang der 90er Jahre in der Nähe wohnt. Von Oktober bis Dezember 1989 war er Generalsekretär der SED. Von 1945 bis 1960 wohnte in Berlin-Pankow ein großer Teil der politischen DDR-Elite. Danach verließ man Berlin und zog in den **Bussard-, Habicht- und Eichelhäherweg** einer Waldsiedlung zwischen Bernau und Wandlitz um. Zumindest von der Straße her sind am Majakowskiring und in der Waldsiedlung noch die Häuser und Gärten zu erkennen, die Ulbricht, Mielke, Honecker u. a. bewohnten.

Wer mehr erfahren möchte als der unmittelbare Augenschein preisgibt, kann sich an beiden Orten kompetent begleiteten Rundgängen anschließen. Vorherige telefonische Anmeldung ist allerdings notwendig.

Durch die Wohngegend um den **Majakowskiring** führt der Kunsthistoriker Hans-Michael

Die Villa Kasbaum am Eingang zum Pankower »Städtchen« im Majakowkiring 2 wurde zum Synonym für die »Herren aus Pankoff«, obwohl das Gästehaus nie einem SED-Funktionär gehörte.

Das Schloß Niederschönhausen war von 1949–60 Sitz von DDR-Präsident Wilhelm Pieck und später Residenz für Staatsgäste. In der Wendezeit tagte hier der Runde Tisch von Regierung und Opposition.

Schulze, der auch ein Buch zur Geschichte der SED-Siedlung in Pankow – »In den Wohnzimmern der Macht« (Berlin 2001) – geschrieben hat. Am Anfang des Jahrhunderts waren die Häuser der damaligen Kronprinzenstraße von einem »ländlichen Villenstil« geprägt, schreibt er. Am Ende der Weimarer Republik herrschte hier eine »gutbürgerliche Atmosphäre«. Den Krieg überstanden die Häuser weitgehend unbeschädigt. Eben das war ein Grund, warum sie bereits 1945 von der Sowjetischen Militäradministration (SMAD) beschlagnahmt wurden.

Das Schloss Niederschönhausen in der angrenzenden **Ossietzkystraße** – 1664 von Kurfürst Friedrich III. erbaut – war ab 1945 ein Kasino der sowjetischen Truppen, die Pankow am nördlichen Rand Berlins bereits im April 1945 besetzt hatten. Nicht weit vom Majakowskiring, im »Volkspark Schönholzer Heide« – in der **Niederstraße** –, befindet sich ein 1947 bis 1949 eingerichteter Ehrenfriedhof zum An-

denken an die in den Kämpfen um Berlin gefallenen sowjetischen Soldaten.

Mit den sowjetischen Truppen kehrten auch deutsche Kommunisten aus dem Exil nach Berlin zurück, die bereits Pläne für ein sowjetfreundliches Gesamt-Deutschland entworfen hatten. Sie wurden nach der Kapitulation der Wehrmacht mit Wohnungen versorgt. Walter Ulbricht – seit 1946 stellvertretender Vorsitzender der SED und seit 1950 Generalsekretär des Zentralkomitees der Partei – war der erste führende Kommunist, der hier im August 1945 sein Quartier erhielt. Er zog in den Majakowskiring 28 und wohnte dort bis zu seinem Umzug in die Waldsiedlung bei Wandlitz 1960. Ulbrichts Haus gibt es heute nicht mehr. Sein Nachfolger Erich Honecker, der von 1953 bis 1955 im Majakowskiring 58 wohnte, suchte die Erinnerung an seinen Vorgänger zu löschen. Ulbrichts Haus wurde in den 70er Jahren abgerissen und durch ein Gästehaus des Zentralkomitees der SED ersetzt.

Gegenüber von Ulbricht, im Majakowskiring 29, erhielt Wilhelm Pieck – der erste Präsident der DDR – sein privates Quartier. Der erste Regierungschef der DDR, Otto Grotewohl, wohnte im Majakowskiring 46/48. Erich Mielke, der gefürchtete Minister für Staatssicherheit, residierte seit 1950 in einer Nebenstraße des Majakowskirings: Stille Straße 10. Auch der berüchtigte Leiter der DDR-Auslandsspionage, Markus Wolf, lebte nicht weit entfernt im Majakowskiweg, dem heutigen Rudolf-Ditzen-Weg 18/20.

Die ganze Gegend macht heute einen nicht sehr gepflegten, manchmal auch verträumten Eindruck. In Mielkes ehemaligem Haus bietet die Seniorenfreizeitstätte Pankow ein Unterhaltungsprogramm an, in Honeckers Haus residiert die Jugendfreizeitstätte »Kulti«, der **Majakowskiring 63**, die frühere Koordinierungsstelle für Staatsbesuche der DDR und 1990 kurzfristig Haus von Günter Schabowski, ist heute ein gut besuchtes Café und Restaurant.

Aber nicht nur Angehörige der politischen Führung der DDR prägten die Gegend, auch einige Literaten bekamen hier Wohnungen zugeteilt. Arnold Zweig lebte nicht weit entfernt von 1950 bis 1968 in der Homeyerstraße 13. Das Grab des Schriftstellers und Friedensnobelpreisträgers Carl von Ossietzky, der von 1933 bis 1938 in einem Konzentrationslager inhaftiert war und kurz nach seiner Entlassung starb, befindet sich in der Nähe, auf dem Städtischen Friedhof in der Buchholzer Straße. Hans Fallada wohnte seit Ende des Krieges bis zu seinem Tod 1947 im Majakowskiweg 19 (die Straße trägt inzwischen seinen bürgerlichen Namen und heißt Rudolf-Ditzen-Weg), und der erste Kulturminister der DDR, der Schriftsteller Johannes R. Becher, residierte im Majakowskiring 34 und schrieb hier auch den Text für die DDR-Nationalhymne.

Dem Politbüro wurde die neue Nationalhymne erstmalig am 5. November 1949 bei Wilhelm Pieck im Majakowskiring 29 vorgetragen. Der Text und die Melodie – sie stammt von Hanns Eisler – gefielen, und die Premierengäste gaben ihre Zustimmung. Insbesondere die erste Strophe der neuen Hymne – alle drei Strophen wurden in den 50er und 60er Jahren zu allen gesellschaftlichen Anlässen gesungen – war der Grund dafür, dass diese Nationalhymne seit dem Machtantritt Honeckers im Mai 1971 nur noch instrumental intoniert werden durfte: »Auferstanden aus Ruinen/ Und der Zukunft zugewandt, / Laß uns dir zum Guten dienen, / Deutschland, einig Vaterland«, heißt es da. Und: »Alte Not gilt es zu zwingen, / Und wir zwingen sie vereint, / Denn es muss uns doch gelingen, / Dass die Sonne schön wie nie/Über Deutschland scheint.«

Nachdem die DDR 1971/72 international als eigener Staat anerkannt worden war, stellte die SED-Propaganda zwei verschiedene deutsche Nationen heraus, der Text der Nationalhymne war danach nicht mehr erwünscht. Erst die Demonstranten im Herbst 1989, die seit der Öffnung der Mauer am 9. November auf eine schnelle Vereinigung mit der Bundesrepublik drängten, bedienten sich dieses Mottos erneut: »Deutschland, einig Vaterland« skandierten sie auf den Straßen. Der Dichter und Kulturminister hätte die damit verbundene Deutschland-Vorstellung sicher nicht geteilt.

Die Pankower Prominentensiedlung war in den 50er und 60er Jahren natürlich nicht frei zugänglich. Jeder, der in das »Städtchen« – so sagten die Berliner, aber auch die Funktionäre – hinein wollte, brauchte einen speziellen Ausweis. Die Sicherheitsvorkehrungen wurden streng gehandhabt. Zunächst schirmte ein einfacher Bretterzaun das Funktionärsghetto nach außen ab, später eine Mauer. Angehörige des Wachregiments des Ministeriums für Staatssicherheit und ausgewählte Polizisten bewachten das Gebiet.

Das gesamte Areal zwischen der Grabbeallee im Westen, der Tschaikowskistraße im Norden, dem Fluss Panke im Süden und der Ossietzkystraße im Osten war für gewöhnliche Berliner bis zum Tod Walter Ulbrichts 1973 unzugänglich. Danach waren Fußgänger wieder zugelassen, Autofahrer brauchten weiterhin eine spezielle Genehmigung. Auch das Schloss

Im einstigen Wohnhaus der SED-Politbüromitglieder Majakowskiring 63 findet sich heute ein Café und Restaurant.

in der **Ossietzkystraße** – von 1949 bis 1960 Amtssitz des DDR-Staatspräsidenten, danach Gästehaus der Regierung – war abgesperrt. In diesem Schloss wurde das Ende der DDR verhandelt. Hier tagte in der Jahreswende 1989/90 der »Runde Tisch«, eine mit Oppositionellen besetzte Nebenregierung der DDR, die mit der Auflösung des Ministeriums für Staatssicherheit begann und die ersten freien Wahlen im März 1990 vorbereitete. Heute finden hier Konzerte und Lesungen statt.

Absperrung und Sicherheitsvorkehrungen des Städtchens verschärften sich immer dann, wenn es Krisen in der DDR gab. Am 17. Juni 1953 beispielsweise, dem Tag des Volksaufstandes in der DDR, wurden die Mitglieder des Politbüros geschlossen in sowjetische Obhut nach Berlin-Karlshorst gebracht, sowjetische Panzer bewachten die verbliebenen Regierungsmitglieder und ihre Familienangehörigen im »Städtchen«.

Walter Ulbricht überstand den 17. Juni politisch weitgehend unbeschadet. Sowjetische Truppen schlugen den Aufstand nieder, und seine Gegner im Apparat der SED, die nach Stalins Tod am 5. März 1953 gehofft hatten, gemeinsam mit den Nachfolgern von Stalin eine Wende der SED-Politik herbeizuführen, wurden aus der Partei ausgeschlossen und mussten ihre Häuser im Funktionärsghetto verlassen. Rudolf Herrnstadt, Mitglied der KPD schon vor der Zeit des Nationalsozialismus und in den 50er Jahren Chefredakteur des »Neuen Deutschland«, hatte – vor Honecker – im Majakowskiring 58 gewohnt, Wilhelm Zaisser, ebenfalls Mitglied der KPD vor 1933 und seit 1951 Minister für Staatssicherheit, in dem Haus Stille Straße 4/5.

Der Aufstand in Ungarn 1956 gab dann den Anstoß, dass die Führer der SED nach einem noch stärker geschützten Wohngebiet außerhalb der Stadt Ausschau hielten. Dieses Gebiet fanden sie in einer abgeschirmten Waldgegend, die etwa eine Autostunde nördlich von Berlin bei Bernau liegt. Den Umzug in die Waldsiedlung behandelte das Politbüro auf seiner Sitzung am 31. Mai 1960. Ab dem Spätsommer des Jahres zogen alle Mitglieder des höchsten Parteigremiums aus Berlin heraus, behielten aber offiziell ihre Wohnadresse in Pankow.

Wer sich mit dem Auto oder öffentlichen Verkehrsmitteln (S-Bahn bis Bernau, dann mit dem Bus) bis in die Waldsiedlung durchgeschlagen hat, den erwartet an Wochenenden am Eingang zum ehemaligen Funktionärsghetto Wandlitz Paul Bergner mit einem Bücherstand. Bergner hat das Buch »Die Waldsiedlung« (4. Auflage 2001) verfasst und im Eigenverlag herausgebracht. In dem Buch wie auch bei seinen Führungen durch die Waldsiedlung, die er auf besondere Nachfrage anbietet, erläutert er seine Recherchen.

Das ganze Gelände der ehemaligen SED-Waldsiedlung ist heute kaum noch richtig erkennbar. Hier befindet sich jetzt eine Kurklinik. Die Häuser der ehemaligen Führungselite der DDR werden von Kurgästen bewohnt, die mitunter auf fotografierende Touristen allergisch reagieren. Bereits am 14. Dezember 1989 gab der Ministerrat der DDR, um dem wachsenden Druck der Bevölkerung zu begegnen, die Umwandlung in ein Rehabilitationszentrum für Erwachsene und Kinder bekannt.

Im Herbst 1989 hatten Berichte über die grotesken Sicherheitsvorkehrungen und das – für DDR-Verhältnisse – außerordentlich luxuriöse Warenangebot in der Waldsiedlung den Zorn vieler Bürger hervorgerufen. Am 25. November 1989 wurden in der Sendung des DDR-Jugendfernsehens »Elf 99« erste Bilder von dem Anwesen gezeigt. Mehr als 50 000 Bürger des Landes besuchten daraufhin die Siedlung, um sich mit eigenen Augen vom Lebensstil ihrer nun stürzenden Herrscher zu überzeugen. Doch äußerlich war kein Prunk zu erkennen.

Wer die Häuser im Habichtweg 5 (Erich Honecker), im Eichelhäherweg 1 (Erich Mielke) und im Eichelhäherweg 6 (Günter Schabowski) einmal in Augenschein genommen hat, wird die Klage manches ihrer früheren Bewohner verstehen: Die schöneren Häuser befinden sich am Majakowskiring. Man hatte vornehme großbürgerliche Stadtvillen mit großen, aber kleinbürgerlichen Einfamilienhäusern vertauscht.

Weiterführende Literatur:
Hans-Michael Schulze: In den Wohnzimmern der Macht. Berlin 2001; Paul Bergner: Die Waldsiedlung. Basdorf 2001; Peter Przybylski: Tatort Politbüro. Die Akte Honecker. (2 Bände) Berlin 1991, 1992.

Führungen am Majakowskiring (Pankow)
Alltagsgeschichte(n) auf Stadtspaziergängen
Hans-Michael Schulze, Büro Annasusanna in den Ackerhöfen
Ackerstraße 15
10115 Berlin
Tel. und Fax: 283 58 80
E-Mail: annasusanna.b@berlin.de

Schloss und Schlosspark Niederschönhausen
Ossietzkystraße
13156 Berlin

Führungen: April–September: nur sonn- und feiertags 12.30 Uhr, 14 Uhr und 15.30 Uhr

Verkehrsverbindung: Vom S- und U-Bahnhof Pankow (U-Bahn Linie 2) läuft man zunächst ein paar Schritte die Berliner Straße in nördlicher Richtung. An der Kirche vorbei kommt man in die Ossietzkystraße. An deren Ende befindet sich der Eingang zum Schloss.

Gasthaus Majakowski
Majakowskiring 63
13156 Berlin
Tel.: 49 91 82 50

Verkehrsverbindung: Der Majakowskiring geht links von der Ossietzkystraße ab, kurz vor dem Eingang zum Schloss Niederschönhausen. Zum Gasthaus Majakowski muss man rechts in den Majakowskiring hineingehen.

Informationen zu Wandlitz und zur Waldsiedlung
Tourismusverein Naturpark Barnim e. V.
Prenzlauer Chaussee 157
16348 Wandlitz
Tel.: 03 33 97/6 61 31

Waldsiedlung
Brandenburg Klinik
Brandenburgallee 1
16321 Bernau
Internet: www.die-waldsiedlung.de und www.infotheken.net/waldsie.htm

Fahrten durch die Waldsiedlung: Regio Mobil, Start: Schumannstraße/Brandenburgallee Mittwoch/Donnerstag 13–17 Uhr, Freitag, Samstag, Sonntag 11–17 Uhr

Führungen in der Waldsiedlung:
1) Paul und Frank Bergner, Anemonenweg 8, 16352 Basdorf, Tel.: 03 33 97/21 49 0
2) Regio Natour GmbH, Herr Hildebrand, Kietz 2, 16356 Blumberg, Tel.: 03 33 94/56 22 2

Verkehrsverbindung: Mit der S-Bahn (S2) oder dem Zug fährt man nach Bernau. Am Bahnhof in Bernau steigt man in den Linienbus 894 und fährt bis zur Station Brandenburg Klinik.

Aufbau-Verlag

1956: Zerschlagene Hoffnung auf ein »Tauwetter«

Direkt am S-Bahnhof Hackescher Markt findet sich mit der Adresse **Neue Promenade 6** der »Aufbau-Verlag«. Es ist einer der Denkorte zur DDR-Geschichte, der sich nicht unbedingt als solcher zu erkennen gibt. Buchstäblich nichts deutet auf die wichtige Geschichte hin, die es hier zu bedenken gibt. Der neue Standort dieses Verlages – ursprünglich residierte er in der Nähe des Gendarmenmarktes in der Französischen Straße 32 – liegt jedoch für den Berlintouristen ganz ausgezeichnet. Man erreicht viele andere Sehenswürdigkeiten in der Umgebung – z. B. die Synagoge in der Oranienbur-

ger Straße 28–30 – von hier aus sehr schnell. Nur ein paar Schritte entfernt, in den Hackeschen Höfen **Rosenthaler Straße 40/41**, findet man die auf Berlin-Literatur spezialisierte Buchhandlung und Galerie »artificium«. Darüber hinaus sind der Platz vor dem S-Bahnhof Hackescher Markt und seine Umgebung sehr beliebt, die Cafés, Restaurants, Bars, Kinos und viele angenehme Dinge mehr bietet.

Der Verlag wurde am 16. August 1945 vom Dichter und späteren Kulturminister der DDR Johannes R. Becher im Auftrag des »Kulturbun-

Das neue Gebäude des Aufbau-Verlages in der Neuen Promenade 6, direkt am S-Bahnhof Hackescher Markt. Die Fassade wurde in den 90er Jahren denkmalsgerecht saniert.

Das Signet des Verlages über dem Eingangstor.

des zur Demokratischen Erneuerung Deutschlands« gegründet. Hier erschien Anna Seghers' berühmter Roman »Das siebte Kreuz« und Theodor Pliviers »Stalingrad«. Ernst Bloch, Lion Feuchtwanger, Egon Erwin Kisch, Hans Fallada, Victor Klemperer, Arnold Zweig und Georg Lukács gehörten zu den frühen Autoren des Verlages, der ein vergleichsweise offenes Programm hatte.

Am 6. Dezember 1956 wurde der damalige Leiter Walter Janka in den Räumen des Verlages verhaftet. Bereits einige Tage vorher war der Philosophiedozent und Lektor des Verlages Wolfgang Harich inhaftiert worden. Außerdem verhaftete man: Manfred Hertig (Redaktionssekretär der »Deutschen Zeitschrift für Philosophie«), Heinz Zöger, Gustav Just (Redakteure der Kulturzeitschrift »Sonntag«), den Ökonom Bernhard Steinberger und den Rundfunkkommentator Richard Wolf. Alle zusammen wurden in zwei getrennten Prozessen vor dem Obersten Gericht der DDR im März und im Juli 1957 der konspirativen Verschwörung gegen die DDR angeklagt. Im Urteil gegen Walter Janka hieß es, dass die Gruppe eine Veränderung der gesetzlich geschützten gesellschaftlichen Verhältnisse der DDR angestrebt habe. Es sei beabsichtigt gewesen, die Wirtschaftsplanung und die gesellschaftliche Struktur der Deutschen Demokratischen Republik zu ändern.

Eine von Harich ausgearbeitete politische Plattform über einen besonderen deutschen Weg zum Sozialismus, verschiedene Treffen Harichs mit Vertretern des SPD-Ostbüros in Westberlin, seine Vorsprachen beim sowjetischen Botschafter in Deutschland und bei Ulbricht selbst sowie eine Zusammenkunft der ganzen Gruppe am 21. November 1956 mit dem 1952 inhaftierten, im Juli 1956 aber wieder rehabilitierten ehemaligen Politbüromitglied Paul Merker, bei der auch über eine Absetzung Ulbrichts gesprochen worden war, bildeten den Gegenstand der Anklage. Harich galt der Staatssicherheit als Kopf, Janka als Organisator der vom Gericht unterstellten Verschwörung.

Strafrechtlich war die Anklage verfehlt, denn das Vorhaben war nicht konspirativ vorangetrieben worden. Die Angeklagten strebten eine öffentliche Auseinandersetzung in der SED und der DDR zur Überwindung des Stalinismus an und erwarteten (vergeblich) Unterstützung sogar von Kulturminister Johannes R. Becher. Jankas Verteidiger Friedrich Wolff forderte deshalb auch konsequent den Freispruch seines Mandanten.

Politisch allerdings konnte es keinen Zweifel daran geben, dass die Angeklagten eine Revision der Politik der SED angestrebt hatten. In der DDR wollten sie eine Reform mit und durch die SED; ein neuer 17. Juni sollte vermieden werden. Außenpolitisch war langfristig an eine friedliche Wiedervereinigung Deutschlands auf der Grundlage von Demokratie, Sozialismus und nationaler Souveränität gedacht, nach Zwangsvereinigung und Verfolgung von Sozialdemokraten in der DDR sollte ein neuer Anfang in der Zusammenarbeit mit Sozialdemokraten und Gewerkschaftern der Bundesrepublik gemacht werden. Der Plan der Harich-Janka-Gruppe bildete deshalb, neben der Stalin-Note von 1952, die eine Vereinigung beider deutscher Staaten unter der Bedingung ihrer Neutralität vorschlug, nicht umsonst bis heute Material für Kontroversen über die »verpassten« Chancen deutscher Einheit vor dem Mauerfall 1989.

Die von Harich verfasste Plattform der

Von 1945 bis 1992 hatte der Aufbau-Verlag sein Domizil in der Französischen Straße 32. Hier wurde Verlagsleiter Walter Janka im Dezember 1956 an seinem Schreibtisch verhaftet.

Gruppe enthielt folgende Punkte: »Umstellung der Produktion auf die Erhöhung des Lebensstandards nach dem Vorbild des neuen Kurses«, »Gründung von Arbeiterräten, Gleichstellung und Förderung der mittelständischen Industrie«. Außerdem wollte man eine »Auflösung der landwirtschaftlichen Produktionsgenossenschaften und die Entwicklung eines gesunden Klein- und Mittelbauerntums«. Ohne alle Schnörkel wurde die »Wiederherstellung der Geistesfreiheit und der Autonomie der Universitäten, die Beendigung des Kirchenkampfes, eine Auflösung des Staatssicherheitsdienstes und die Garantierung der Rechtssicherheit«

gefordert. Darüber hinaus verlangte man die Erweiterung des Parteienspektrums unter der Führung einer reformierten SED, Aufstellung von Wahllisten mit mehreren Kandidaten, die Wiederherstellung der Souveränität des Parlaments und eine durchgreifende Entbürokratisierung des gesamten Verwaltungsapparates.

Eine reformierte SED sollte dann mit der westdeutschen SPD zusammenarbeiten: »Uns trennt von der SPD gegenwärtig zwar vieles (bürgerlich-demokratische Illusionen, Tendenzen zum Opportunismus usw.), aber vor allem trennt uns von der SPD der Stalinismus. Darum muss sich die SED vom Stalinismus trennen,

Der Intendant des Deutschen Theaters, Dieter Mann, organisierte im Oktober 1989 eine öffentliche Lesung mit Walter Janka (links), die eine Debatte über die stalinistischen Praktiken der SED auslöste.

bevor eine Zusammenarbeit mit der SPD wirklich ehrlich möglich werden kann.« Außerdem wurde die »Entwicklung einer Außenpolitik« angestrebt, »die an dem Bündnis mit dem sozialistischen Lager bei Wahrung der völligen Unabhängigkeit und Gleichberechtigung festhält.«

Den Hintergrund der Überlegungen der Gruppe bildete der Beginn des so genannten Tauwetters in Osteuropa. Nach Stalins Tod, im März 1953, und nach dem XX. Parteitag der KPdSU, im Februar 1956, auf dem Chruschtschow in einer Geheimrede viele Verbrechen der Stalin-Ära benannt hatte, war in ganz Ost-

europa ein Prozess von Rehabilitierungen und politischer Liberalisierung zu erkennen. Der Text der Rede wurde in der Sowjetunion auf Parteiversammlungen nur laut vorgelesen, ist jedoch wenige Wochen später im Westen publiziert worden. Während in Polen am 20. Oktober 1956 der lange Jahre inhaftiert gewesene Nationalkommunist Gomulka zum Chef der Kommunistischen Partei gewählt wurde und am 23. Oktober desselben Jahres in Ungarn ein Aufstand gegen die bisherigen Machthaber begann, der von Truppen der Sowjetunion am 11. November brutal niedergeschlagen wurde, blieb es in der DDR nach den

Am 13. August 1961 riegelten DDR-Schützen-panzerwagen und Kampfgruppen-Einheiten die Grenze nach Westberlin ab. Die amerikanische Militärpolizei konnte lediglich zusehen.

der Mauer hat der Besucherstrom nicht nachgelassen. Ungefähr 600 000 Menschen kommen jedes Jahr hierher, es hat die Mauer gut überlebt.

Der Gründer und Leiter des Museums, Rainer Hildebrandt, war bereits 1961 in Berlin eine umstrittene Persönlichkeit. 1914 in Stuttgart geboren, hatte er in der Nazizeit wegen Wehrkraftzersetzung mehrfach im Gefängnis gesessen. 1948 gründete er mit Freunden in Westberlin die »Kampfgruppe gegen Unmenschlichkeit« (KgU), eine Vereinigung, die sich zunächst um die in sowjetischen »Speziallagern« Internierten kümmerte. Die Gruppe entwickelte sich in den 50er Jahren zu einer der gefürchtetsten antikommunistischen Vereinigungen und wurde von westlichen und östlichen Geheimdiensten unterwandert. Wer in der DDR des Kontaktes oder der Zusammenarbeit mit der Organisation bezichtigt wurde, hatte langjährige Gefängnisstrafen zu erwarten. Hildebrandt – ein Anhänger des gewaltfreien Widerstandes – verließ die KgU bereits

1952, als sie mit Sabotageakten in der DDR begann. Nach dem Mauerbau sah er eine Möglichkeit, mit dem Museum gegen die Verhältnisse in der DDR zu protestieren.

Der Mauerbau selbst war eine Reaktion der SED auf die Massenflucht aus der DDR. Bereits am 26. und 27. Mai 1952 war entlang der Westgrenze und entlang der Ostsee ein 500 Meter breiter Schutzstreifen und eine fünf Kilometer breite Sperrzone eingerichtet worden. Der sowjetische Staats- und Parteichef Stalin hatte im April 1952 den deutschen Genossen erklärt: »Faktisch wird in Westdeutschland ein selbständiger Staat gebildet. Ihr müsst auch euren eigenen Staat organisieren. Die Demarkationslinie zwischen West- und Ostdeutschland muss als eine Grenze betrachtet werden, und zwar nicht als eine einfache Grenze, sondern eine gefährliche Grenze.«

Für diese 1952 eingerichtete Sperrzone benötigten DDR-Bürger danach einen besonderen Passierschein. 8 000 »unzuverlässige« Personen wurden von dort zwangsweise umgesiedelt. Die Grenze zwischen der Bundesrepublik und der DDR war seither – mit der Ausnahme der innerstädtischen Sektorengrenze in Berlin – nicht mehr passierbar. Statt die Flüchtlingszahlen zu drosseln, ließ der Bau der Grenzsicherungsanlagen im Jahr 1952 die Flüchtlingszahlen jedoch sprunghaft ansteigen.

Während 1949 ca. 44 000 Flüchtlinge nach Westberlin kamen, stieg ihre Zahl 1950 und 1951 auf jährlich ca. 60 000 an. 1952 verdoppelte sich diese Zahl dann auf 118 000, wovon 88 000 Menschen auf die zweite Jahreshälfte, nach dem Bau der Sperranlagen, entfielen. Die Flüchtenden beantworteten auf ihre Weise den forcierten Aufbau des Sozialismus, die Kollektivierung der Landwirtschaft, die nicht freien Wahlen, die politische Repression und den in Berlin – der einzigen Stadt der Welt, die damals zwei Gesellschaftssysteme beherbergte – besonders krass spürbaren Nachholbedarf der DDR in Fragen der Lebensmittelversorgung und des kulturellen Angebots. Einkaufen und ins Kino gingen auch die Ostberliner am liebsten in Westberlin.

Im Oktober 1961 standen sich am Checkpoint Charlie amerikanische und sowjetische Panzer in direkter Konfrontation gegenüber. Die Machtprobe der beiden Großmächte um die Einführung von Ausweiskontrollen für Alliierte innerhalb der Stadt führte die Welt an den Rand eines neuen Krieges (oben). Den in den 80er Jahren neu errichten Grenzübergang konnte im Sommer 1986 ein LKW-Fahrer mit seiner Familie in einem gepanzerten Kiestransporter durchbrechen. Danach wurden die Sperren verstärkt.

Nach der Beseitigung Sperranlagen im Zuge der deutschen Vereinigung blieb dieser symbolische Kontrollpunkt in der Mitte der Friedrichstraße erhalten.

Im April 1953 sahen sich die Westberliner Behörden gezwungen, ein eigenes Notaufnahmelager in Marienfelde einzurichten. Dort, in der **Marienfelder Allee 66–80,** existiert heute ein kleines Museum, die »Erinnerungsstätte Notaufnahmelager Marienfelde«, in dem die Massenflucht der 50er Jahre sehr anschaulich dokumentiert wird. Allein im Eröffnungsjahr des Lagers, dem Jahr des Volksaufstandes in der DDR, meldeten sich in Westberlin 305 737 DDR-Flüchtlinge.

Bis zum Mauerbau im August 1961 flohen aus der SBZ und späterer DDR insgesamt über zwei Millionen Menschen. Tatsächlich gingen mit dem Mauerbau die Flüchtlingszahlen drastisch zurück. Zusammen mit den legal Ausreisenden waren es jährlich »nur« noch zwischen 2 000 und 3 000 Menschen, die aus der DDR in den Westen gelangten.

Wie groß der Drang in den Westen blieb, zeigte sich jedoch an den vielen spektakulären Fluchten. Einige von ihnen sind im »Haus am Checkpoint Charlie« dokumentiert. Eine größere Sammlung fantastischer und originaler Fluchtgeräte findet man schwerlich irgendwo anders. Umgebaute Autos, ein Mini-U-Boot, Heißluftballons und selbstgebaute Motorraddrachen zeugen von der nie nachlassenden untergründigen Widerstandsfantasie vieler Menschen in der DDR, die auch unter Einsatz ihres Lebens den Weg in die Freiheit suchten. Mehr als 5 000 Menschen – so behaupten die Ausstellungsmacher im Mauermuseum – gelang auf dem einen oder anderen Weg von 1961 bis 1989 die Flucht in den Westen.

Wer irgend kann, sollte im Museum nach der dort ausgestellten Gondel eines Heißluftballons suchen und dazu den Film »Mit dem Wind nach Westen« ansehen. Der Film wird jeden Tag um 17.30 Uhr im Museum gezeigt. Die Geschichte ist inzwischen von Doris und Peter Strelzyk, zwei Beteiligten, in dem Buch »Schicksal Ballonflucht« (Berlin 1999) aufgeschrieben worden. Die politischen Verhältnisse in der DDR hatten sie als bedrückend wahrgenommen: »Volkskammerwahlen, die die SED und die Blockparteien regelmäßig mit über 99 % der Stimmen gewannen; ein Antifaschistischer Schutzwall und perfekte Grenzanlagen, angeblich zum Schutz der DDR-Bürger vor kapitalistischen Nachbarn; demonstrative Loyalitätsbekundungen nicht nur am 1. Mai, dem Tag der Arbeit. All das engte uns immer mehr ein, schnürte uns die Luft ab.«

Ihr Beispiel machte Schule: Von 1979 bis 1989 deckte das MfS 111 weitere Versuche auf, die DDR mit Heißluftballons zu verlassen. 25 Kilo Akten hatte das Ministerium für Staatssicherheit allein über die Flucht der Familie Strelzyk angelegt. Doris und Peter Strel-

zyk konnten die Akten nach dem Fall der Mauer einsehen und beschreiben in ihrem Buch, wie sie auch noch nach der gelungenen Flucht vom ostdeutschen Geheimdienst bearbeitet worden sind. Ein eingeschleuster Inoffizieller Mitarbeiter (IM) dirigierte ihr Elektrogeschäft, das sie in Bad Kissingen aufgebaut hatten, in den Ruin. Andere spektakuläre Fluchtversuche hat Bodo Müller in seinem Buch »Faszination Freiheit« spannend beschrieben.

Wer die Geschichte und die Wirkungsweise der Mauer einmal aus dem Mund eines MfS-Angehörigen hören möchte, der sollte sich an Hagen Koch wenden. Der ehemalige Offizier der DDR-Grenztruppen macht Stadtführungen und betreibt ein privates, sehr sehenswertes **Mauerarchiv**. Die Stadtführungen starten meist direkt am Checkpoint Charlie. Stadtführungen und Besichtigung seines Archivs muss man mit ihm telefonisch vereinbaren.

Weiterführende Literatur:
Bernd Eisenfeld/Roger Engelmann: 13. August 1961: Mauerbau, Fluchtbewegung und Machtsicherung. Bremen 2001; Armin Mitter: Brennpunkt 13. August 1961. Berlin 2001; Bodo Müller: Faszination Freiheit. Die spektakulärsten Fluchtgeschichten. Berlin 2001; Doris und Peter Strelzyk: Schicksal Ballonflucht. Berlin 1999.

Mauermuseum Haus am Checkpoint Charlie
Friedrichstraße 43–45
10969 Berlin
Tel.: 25 37 25-0
E-Mail: info@Mauer-Museum.com
Internet: www.mauer-museum.com

Öffnungszeiten: täglich 9–22 Uhr

Verkehrsverbindung: Das »Haus am Checkpoint Charlie« befindet sich direkt am U-Bahnhof Kochstraße der Linie U6.

Erinnerungsstätte Notaufnahmelager Marienfelde e. V.
Marienfelder Allee 66–80
12277 Berlin
Tel.: 90 17 33 25
Internet: www.enm-berlin.de

Öffnungszeiten: Mittwoch–Sonntag 12–17 Uhr
Führungen: Mittwoch und Sonntag um 15 Uhr
(Für Gruppen können telefonisch auch andere Termine abgesprochen werden.)

Verkehrsverbindung: Vom S-Bahnhof Marienfelde (S2) mit dem Bus 177 oder 277 bis zur Haltestelle Stegerwaldstraße.

Stadtführungen und Mauerarchiv Hagen Koch
Alt-Friedrichsfelde 83
10315 Berlin
Tel./Fax: 51 06 58 52
E-Mail: berliner.mauer.archiv@t-online.de

Verkehrsverbindung: Vom S-Bahnhof Friedrichstraße fährt man mit der S5 bis zur Station Friedrichsfelde-Ost.

Staatsratsgebäude

Die Zentren der Macht

Die Zentren der Macht der DDR sind heute im Stadtbild Berlins nur noch mit historisch geschultem Auge zu erkennen. Besichtigungen und historische Aufklärung über die Machtstrukturen der DDR findet man nur selten. Dies hat verschiedene Gründe. Zum einen wurden die Gebäude schlichtweg gebraucht und einer neuen Bestimmung zugeführt, zum anderen gibt sich die neue Bundesrepublik konservativ-liberal und sucht Anschluss an eine nationale Tradition, möglichst ohne die vielen verschiedenen Brüche zu thematisieren. Allerorten wird deshalb vor allem das historische Berlin – und das meint hier immer das Berlin vor 1914 – rekonstruiert und durch die Einbettung in moderne Architektur ein wenig verfremdet. Die Machtzentren der DDR sind deshalb vielfältig überdeckt. Sie müssen bei einer Begehung erst richtig ausgepackt werden.

Für ihre Erkundung ist die Mitnahme eines kleinen DDR-Lexikons zu empfehlen, das die Funktion der einzelnen Machtapparate in den Sprachregelungen der SED erläutert. Gemeint ist das »Kleine Politische Wörterbuch«, das in

Das 1964 errichtete Gebäude des DDR-Staatsrates enthält in der Mitte als architektonisches Zitat eine Rekonstruktion des Lustgartenportals des ehemaligen Stadtschlosses, von dessen Balkon Karl Liebknecht am 9. November 1918 die »Freie sozialistische Republik Deutschland« ausgerufen hatte.

Gleich neben dem Staatsratsgebäude befand sich zu DDR-Zeiten der Sitz des SED-Zentralkomitees und damit das eigentliche Machtzentrum im Staat. Nach Umbauten und der Errichtung eines modernen Vordergebäudes ist inzwischen das Auswärtige Amt dort eingezogen. Das weithin sichtbare Symbol der SED war nach der Umbenennung der Partei in PDS bereits im Februar 1990 entfernt worden.

verschiedenen Auflagen erschien und in vielen Antiquariaten der Stadt, z. B. in der Karl-Marx-Buchhandlung in der **Karl-Marx-Allee 78,** erhältlich ist.

Das zweifellos wichtigste Machtzentrum des DDR-Sozialismus bildete die SED. Sie war die entscheidende Kraft innerhalb der Diktatur. »Die SED« – heißt es in dem erwähnten Lexikon lakonisch – »ist die führende Kraft der sozialistischen Gesellschaft, aller Organisationen der Arbeiterklasse und der Werktätigen, der staatlichen und gesellschaftlichen Organisationen.« Sie kontrollierte buchstäblich alle öffentlichen Angelegenheiten. Zwar existierten neben ihr noch die so genannten Block-

Militärparade auf dem einstigen Marx-Engels-Platz vor dem Staatsratsgebäude zum »Tag der Befreiung« am 8. Mai 1965.

parteien, die hatten jedoch keine eigenständige Bedeutung: »In der DDR gibt es wie in einigen anderen sozialistischen Ländern neben der führenden marxistisch-leninistischen Partei noch andere Parteien, die sich zur führenden Rolle der Arbeiterklasse bekennen«, heißt es dazu im Lexikon.

Der Sitz des Zentralkomitees der SED und gleichzeitig Tagungsort ihres Leitungsgremiums, des Politbüros, war seit 1959 das Gebäude mit der Adresse **Werderscher Markt 1**. Heute sitzt hier das Auswärtige Amt der Bundesrepublik. Man hat das Gebäude komplett rekonstruiert und mit einem Vorbau versehen. Ein Rundgang durch das Haus, das in der Nazizeit die Reichsbank beherbergte, ist nur noch im Internet (s. u.) möglich. Der Besucherservice des Hauses vermittelt leider nur Vorträge zur Außenpolitik der Bundesrepublik.

Das ursprünglich gegenüber stehende Außenministerium der DDR ist inzwischen abgerissen worden. In der Nähe des alten Standortes errichtet der Bertelsmannkonzern derzeit die alte Kommandantur mit dazugehörigem Garten neu.

Die SED selbst, die sich zur Jahreswende 1989/90 nicht auflöste, sondern in PDS (Partei des Demokratischen Sozialismus) umbenannte, ist in die **Kleine Alexanderstraße 28** in das Karl-Liebknecht-Haus umgezogen, in dem bereits die KPD seit 1926 bis zu ihrem Verbot 1933 residierte und nach 1945 kurzzeitig untergebracht war. Auch die PDS scheint auf die

Vermittlung ihrer Geschichte in diesem Gebäude keinen besonders großen Wert zu legen. An die Stelle der hier seit Anfang der 50er Jahre eingerichteten Ernst-Thälmann-Gedenkstätte ist heute das Konsultations- und Informationszentrum der Partei getreten. Informationen zur Geschichte der PDS erhält man wohl. Eine eigene Ausstellung oder Führungen zu ihrer Vorgeschichte – der KPD in Weimar, der Emigration in Moskau, der Wiedergründung zunächst als KPD und dann als SED in der DDR und schließlich ihre Umbenennung in PDS – existieren nicht.

Die Weiternutzung von Gebäuden aus dem Nationalsozialismus durch die marxistisch-leninistische Partei war – wie im Falle des Reichsbankgebäudes – insgesamt nicht untypisch, zumal im zerstörten Nachkriegsberlin Verwaltungsgebäude rar waren. Einige der DDR-Machtzentren hatten jedoch einen ganz besonderen Charakter: Sie wurden eigens dazu geschaffen, vorherige andere Machtzentren im Stadtbild Berlins zu verdrängen. Der politische Bruch, den das SED-Regime zur Vorgeschichte der DDR anstrebte, sollte auch architektonisch zum Ausdruck gebracht werden.

Besonders gut lässt sich dies heute noch an dem mittlerweile nur noch als Ruine existierenden »Palast der Republik« am heutigen **Schlossplatz** erkennen. Der Palast nahm die Stelle des Berliner Stadtschlosses ein, dessen vom Bombenkrieg übrig gebliebenen Reste 1950 gesprengt worden waren, obwohl auch eine Rekonstruktion möglich gewesen wäre.

Der »Palast der Republik« beherbergte in der dem Dom zugewandten Seite das Parlament, die Volkskammer der DDR, und hatte auf der Seite zum Staatsratsgebäude hin einen großen Kongresssaal, der u. a. Raum für die Parteitage der SED bot. Die Volkskammer spielte als Machtzentrum keine besondere Rolle, denn – wie das bereits zitierte Kleine Politische Wörterbuch der DDR knapp erklärt – der »sozialistische Staat kennt keine Gewaltenteilung«. Eine wirksame Trennung der Gewalten in Legislative, Exekutive und Judikative gab es im

Der »Palast der Republik« war seit seiner Fertigstellung 1976 Austragungsort der SED-Parteitage.

Sozialismus nicht. Ein eigenständiger Platz für ein frei gewähltes Parlament, das die Regierung kontrolliert, war nicht vorgesehen.

Der ehemalige »Palast der Republik« ist momentan ein Bauplatz. An seiner Stelle soll nach den Vorstellungen verschiedener Vereine das Berliner Stadtschloss neu entstehen (Informationen z. B. im Internet: www.berliner-stadt schloss.de). Zur Finanzierung ist eine Stiftung gegründet worden, jedoch ist zur Bauausführung und zur Frage inwieweit der Palast integriert werden soll, noch keine Entscheidung gefallen, ebenso wenig wie zur Nutzung des künftigen Gebäudes. Ein Abriss des Palastes stößt bei zahlreichen Ostberlinern auf Protest, da das Gebäude seit 1976 vielfältige Veran-

staltungsräume beherbergte und zu Zeiten der DDR ein beliebter Treffpunkt war. Ein Verein zum Erhalt des »Palastes der Republik« bemüht sich um dessen Sanierung.

Einen noch ganz anderen politischen Umgang der SED mit Architektur erkennt man am ehemaligen Staatsratsgebäude am heutigen **Schlossplatz 1**. Die SED suchte hier nicht nur ein vorheriges Machtzentrum zu verdrängen, sondern darüber hinaus einen eigenen Traditionsbezug architektonisch sichtbar zu machen.

Der Staatsrat entstand 1960 nach dem Tod des DDR-Präsidenten Wilhelm Pieck als »kollektives Staatsoberhaupt« und vertrat die DDR völkerrechtlich. Seine Vorsitzenden waren Wal-

Das Haus der Ministerien in der Nähe des Potsdamer Platzes war Ziel der Demonstranten am 17. Juni 1953; davor kam es zu bewaffneten Auseinandersetzungen mit mehreren Toten.

ter Ulbricht (1960–1973), Willi Stoph (1973 bis 1976) und Erich Honecker (1976–1989). Ursprünglich residierten der Präsident der DDR und nach seinem Tod der Staatsrat im Schloss Niederschönhausen in der **Ossietzkystraße** in Berlin-Pankow. Das Staatsratsgebäude wurde erst 1964 fertig gestellt. Nach dem Umzug der Bundesregierung 1999 nach Berlin tagte hier bis zur Fertigstellung des neuen Bundeskanzleramts vorübergehend das Bundeskabinett. Danach bewarb sich die Bundeszentrale für politische Bildung um das Gebäude, in dem auch eine Ausstellung zur Geschichte gezeigt werden sollte, doch den Zuschlag erhielt eine internationale Management-Schule. Auffällig am ehemaligen Staatsratsgebäude ist, dass hier ein Teil des gesprengten Berliner Stadtschlosses als Kopie bewahrt worden ist.

In der Fassade übernommen wurde das so genannte Portal IV des gesprengten Schlosses mit einem Balkon, von dem aus Karl Liebknecht, Führer des Spartakusbundes, am 9. November 1918 um 16 Uhr eine »freie sozialistische Republik Deutschland« ausgerufen haben soll. Liebknecht hatte nach Darstellung der 1929 u. a. von Walter Ulbricht herausgegebenen Geschichte der Novemberrevolution gesagt: »Die Herrschaft des Kapitalismus ist gebrochen. ... Wenn auch das Alte niedergerissen ist, dürfen wir doch nicht glauben, dass unsere Aufgabe getan sei. Wir müssen alle Kräfte anspannen, um die Regierung der Arbeiter und Soldaten aufzubauen und eine neue staatliche Ordnung des Proletariats zu schaffen, eine Ordnung des Friedens, des Glücks und der Freiheit unserer deutschen Brüder und unserer Brüder in der ganzen Welt. Wir reichen ihnen die Hände und rufen sie zur Vollendung der Weltrevolution auf. Wer von euch die freie sozialistische Republik Deutschland erfüllt sehen will, erhebe seine Hand zum Schwure.«

Ganz gesichert ist nicht, ob Liebknecht vom Balkon aus gesprochen hat, möglicherweise hatte er nur auf dem Dach eines Autos vor dem Schloss gestanden. Sicher ist jedoch, Karl Liebknechts Proklamation war bereits die zweite an diesem Tag. Um 14 Uhr hatte schon der Sozialdemokrat Philipp Scheidemann von einem Balkon des Reichstages am Platz der Republik 1 vor Arbeitern ausgerufen: »Das Alte und Morsche, die Monarchie, ist zusammengebrochen. Es lebe das Neue! Es lebe die Deutsche Republik!«

Aus der Weltrevolution und der sozialistischen Republik wurde nichts. Die Arbeiter- und Soldatenräte, die zeitweilig Macht ausübten, entschieden sich Mitte Dezember 1918 für die Wahl einer Nationalversammlung, aus der dann die Weimarer Republik hervorging. Walter Ulbricht ließ später die Kopie des Schlossportals mit Balkon in das Staatsratsgebäude einbauen, um zu zeigen, dass SED und DDR am Vermächtnis Karl Liebknechts und der gescheiterten Revolution von 1918 festhielten und dessen Ideen nunmehr umsetzen wollten.

Weniger auffällig ist der ehemalige Regierungssitz der DDR im nicht weit entfernten, 1911 erbauten Alten Stadthaus in der **Klosterstraße 47.**

Der hier tagende Ministerrat der DDR war politisch – wie alle anderen Institutionen – der SED untergeordnet. Im erwähnten Lexikon heißt es, er »arbeitet unter Führung der Partei der Arbeiterklasse im Auftrage der Volkskammer der DDR und leitet die einheitliche Durchführung der Staatspolitik der DDR«. In dem Gebäude befindet sich heute ein Teil der Verwaltung der Stadt Berlin, das Büro des Senators für Inneres. Auf besondere Nachfrage bietet ein Mitarbeiter der Innenverwaltung Führungen zur Geschichte des Hauses an. Das Gebäude war im Krieg nur wenig zerstört worden und konnte deshalb seit 1950 bis zum Ende der DDR als Sitz des Ministerpräsidenten genutzt werden.

Besonders sinnfällig lässt sich das Über- und Durcheinander der verschiedenen historischen Epochen der Stadt und ihrer übereinander liegenden und teilweise sich gegenseitig verdrängenden Machtzentren im heutigen Bundesfinanzministerium nachvollziehen. Das Gebäude in der **Wilhelmstraße 97** wurde bis 1945 von den Mitarbeitern des Reichsluftfahrtministeriums unter Hermann Göring bevölkert. In der DDR »Haus der Ministerien« genannt, beherbergte es seit 1951 einen größeren Teil der im Ministerrat der DDR repräsentierten Ministerien. Am 17. Juni 1953 war das Gelände vor dem Gebäude Schauplatz heftiger Arbeiterdemonstrationen. Nach dem Umbruch 1989/90 arbeitete hier die »Treuhandanstalt«, die den oft kritisierten Verkauf der DDR-Staatsbetriebe organisierte. Auf telefonische Nachfrage kann man für größere Gruppen mit dem Referat für Bürgerangelegenheiten des heutigen Finanzministeriums einen Rundgang zur Geschichte des Hauses vereinbaren.

Weiterführende Literatur:
Dietz-Verlag (Hrsg.): Kleines Politisches Wörterbuch. Berlin (DDR), mehrere Auflagen; Hagen Schulze: Weimar. Deutschland 1917–1933. Berlin 1982; Stefanie Flamm: Der Palast der Republik. In: Etienne François/Hagen Schulze (Hrsg.): Deutsche Erinnerungsorte. München 2001.

Antiquariat der Karl-Marx-Buchhandlung
Karl-Marx-Allee 78
10243 Berlin
Tel.: 29 33 37-0
E-Mail: kundel@kma-berlin.de

Verkehrsverbindung: Mit der U5 vom Bahnhof
Alexanderplatz bis zum U-Bahnhof Strausberger
Platz und die Karl-Marx-Allee in östlicher Richtung
entlang laufen. Das Antiquariat befindet sich nach
wenigen Minuten auf der rechten Straßenseite.

Auswärtiges Amt
(Ehemaliges Gebäude des Zentralkomitees der SED)
Werderscher Markt 1
10117 Berlin
Internet: www.auswaertiges-amt.de/www/de/
index_html
Besucherservice: 018 88/17 23 04 (Frau Koch)

Verkehrsverbindung: Das Auswärtige Amt liegt
ganz in der Nähe des U-Bahnhofs Hausvogteiplatz
(U2). Von dort läuft man die Oberwallstraße in
nördlicher Richtung und biegt dann rechts in die
Straße Werderscher Markt ein. Nach einigen Metern
steht man vor dem
Auswärtigen Amt.

Bundesgeschäftsstelle der PDS
Kleine Alexanderstraße 28
10178 Berlin
Tel.: 24 00 9-0
Internet: www.sozialisten.de

Verkehrsverbindung: Die Bundesgeschäftsstelle der
PDS, das Karl-Liebknecht-Haus, befindet sich direkt
am U-Bahnhof Rosa-Luxemburg-Platz. Die Kleine
Alexanderstraße biegt vom Rosa-Luxemburg-Platz
ab.

Palast der Republik
Verein zur Erhaltung des Palastes der Republik e.V.
c/o Lieselotte Schulz (Vorsitzende)
Marie-Curie-Allee 94
10315 Berlin
Tel./Fax: 426 50 07
Internet: www.pdr.kultur-netz.de

Verkehrsverbindung: Mit der S-Bahn bis zum
S-Bahnhof Hackescher Markt. Von dort läuft man
die Spandauer Straße bis zur Karl-Liebknecht-Straße,
in die man rechts einbiegt. Nach der Überquerung
der Brücke über die Spree steht man zwischen dem
Berliner Dom und der Ruine des ehemaligen Palastes
der Republik.

Schloss und Schlosspark Niederschönhausen
Vormals Sitz des Präsidenten und des Staatsrates
der DDR
Ossietzkystraße
13156 Berlin

Führungen: April–September (nur sonn- und
feiertags) 12.30 Uhr, 14 Uhr und 15.30 Uhr

Verkehrsverbindung: Vom U- und S-Bahnhof
Pankow läuft man zunächst ein paar Schritte die
Berliner Straße in nördlicher Richtung. Man geht
damit schon auf die Ossietzkystraße zu. An deren
Ende befindet sich der Eingang zum Schloss.

Altes Stadthaus
Früher: Sitz des Ministerrates der DDR
Heute: Senatsverwaltung für Inneres der Stadt Berlin
Klosterstraße 47
10179 Berlin
Internet: www.berlin.de/SenInn/baer.html

Führungen zur Geschichte des Hauses bietet unregel-
mäßig nach telefonischer Vereinbarung für größere
Gruppen ein Mitarbeiter der Berliner Innenverwaltung, Dr. Peter Fleischmann (Tel.: 90 27 21 85), an.

Verkehrsverbindung: Das Alte Stadthaus liegt direkt
am U-Bahnhof Klosterstraße (U2).

Bundesministerium der Finanzen
Ehemals Haus der Ministerien der DDR
Wilhelmstraße 97
10117 Berlin
Internet: www.bundesfinanzministerium.de

Für Führungen (nur in größeren Gruppen) zur Geschichte des Hauses wendet man sich an die Telefon-
zentrale des Finanzministeriums und lässt sich dann
zum Referat Bürgerangelegenheiten durchstellen:
Tel.: 01888/68 2-0.

Verkehrsverbindung: Vom U-Bahnhof Mohrenstraße
(U2) läuft man ein kleines Stück die Wilhelmstraße
entlang bis zur Ecke der Leipziger Straße. Dort steht
man vor dem Bundesfinanzministerium.

Berliner Dom

Protestantismus zwischen Staatsvergötterung und Zivilcourage

So recht gibt es in Berlin bislang keinen Ort, an dem einem ganz besonderen Wandel nachgesonnen werden kann. Gemeint ist die wichtige Rolle, die protestantische Pfarrer und ihre Zivilcourage in den verschiedenen Jahrzehnten der Existenz der DDR spielten. Diese Rolle war so bedeutend, dass der Oppositionsforscher Ehrhart Neubert, heute Mitarbeiter der Behörde für die Stasi-Unterlagen und selbst

Der Berliner Dom, die ehemalige Hauptkirche des preußischen Protestantismus, wurde in den 70er und 80er Jahren weitgehend rekonstruiert. Heute gibt es hier eine Personalgemeinde für Mitglieder aus allen Berliner Bezirken.

lange Zeit protestantischer Pfarrer in der DDR, den Umbruch 1989 sogar eine »protestantische Revolution« genannt und in seiner Geschichte der DDR-Opposition die bedeutende Rolle des Protestantismus für die Entfaltung von Zivilcourage in der DDR herausgestellt hat.

Ein möglicher Ort des Nachdenkens wäre der **Berliner Dom**, der mit Zivilcourage und Protest kaum etwas, mit protestantischer Staatsvergötterung dagegen sehr viel zu tun hat. Ein Besuch des inzwischen restaurierten Doms lohnt schon allein deshalb, weil von seiner Kuppel aus ein ausgezeichneter Rundblick über das alte Zentrum Berlins möglich ist.

Kaiser Wilhelm II. hatte dem Architekten Raschdorf den Auftrag gegeben, an der Stelle des alten Doms einen Berliner Dom als Hauptsitz des preußischen Protestantismus und als Hof- und Denkmalskirche der Hohenzollern zu erbauen. Zwölf Jahre dauerten die Arbeiten, von 1893 bis 1905. Seine Majestät der Kaiser sollte hier jedoch nicht mehr, wie viele preußische und deutsche Herrscher vor ihm, beerdigt werden. Unter der nördlichen und südlichen Empore sind heute noch die Prachtsärge des Großen Kurfürsten und seiner Frau Dorothea, die Grabmäler für den Kurfürsten Johann Cicero und den Kaiser Friedrich III. sowie für den ersten preußischen König, Friedrich I., und seine Frau Sophie Charlotte zu bewundern. Wilhelm II. jedoch starb im Exil in Holland und wurde dort in seinem Exilschloss in Doorn beerdigt.

Sicher hatte der letzte deutsche Kaiser auch nicht daran gedacht, dass sein Dom einmal nicht mehr gegenüber dem Berliner Stadtschloss, sondern einem »Palast der Republik«

Die Ruine des Berliner Doms am Ende des Zweiten Weltkrieges. Im Vordergrund die Burgstraße, dahinter eine zerstörte Spreebrücke.

stehen könnte. Genau dies jedoch sollte geschehen.

Der Dom war zunächst während der Bombardierung der Stadt im Zweiten Weltkrieg stark beschädigt worden, genau wie das Schloss gegenüber. Während man das Schloss 1950 sprengte, wurde die Ruine des Doms zunächst enttrümmert und dann mit einem provisorischen Dach versehen. Allmählich verfiel das Gebäude. Erst nach einer Offerte der protestantischen Kirchen in der Bundesrepublik und in der DDR in den 70er Jahren, die Wiederherstellung des Doms aus eigener Tasche zu finanzieren, erklärten sich die Machthaber der DDR mit einer Rekonstruktion einverstanden. Allerdings gab es eine wesentliche Auflage: Die fast komplett erhaltene Denkmalskirche, die ein Teil des Doms war, mit einem großen Bismarck-Denkmal im Inneren, sollte entfernt werden. Der Dom selbst wurde schrittweise wieder hergestellt und spiegelte sich, nach dem vorläufigen Abschluss der äußeren Rekonstruktionsarbeiten, ab 1980 in den riesigen

Fensterscheiben des Palastes. Die innere Restauration konnte erst 1993 beendet werden.

So friedlich, wie da im letzten Jahrzehnt der DDR der protestantische Dom und der sozialistische »Palast der Republik« einander gegenüber standen, ging es zwischen SED und protestantischer Kirche in der Zeit von 1949 bis 1989 keineswegs zu. Die Sowjetische Militäradministration (SMAD) hatte zwar die Trennung von Staat und Kirche angeordnet und kirchliche Institutionen auf den religiösen Kult eingegrenzt, man hatte aber die protestantische Kirche nicht enteignet, und auch ihre Entnazifizierung durfte sie selbst durchführen. Ausschlaggebend für diese Politik war der Widerstand einiger Protestanten der »Bekennenden Kirche« im Nationalsozialismus.

Bereits in den frühen 50er Jahren wurde jedoch deutlich, dass die SED den Einfluss der Kirche massiv zurückdrängen wollte und eine Entchristianisierung der DDR anstrebte. Den Mitgliedern der protestantischen Jugendorganisation »Junge Gemeinde« wurde das Tra-

Direkt gegenüber vom Berliner Dom befindet sich der »Palast der Republik«. Auf dem Marx-Engels-Platz davor fanden anläßlich der SED-Parteitage Großdemonstrationen statt (Aufnahme von 1986).

gen ihres Bekenntniszeichens – eine Ansteck-nadel, die auf einer Weltkugel ein Kreuz zeigte – verboten. Die »Junge Gemeinde« selbst wurde als eine »unter religiöser Maske getarnte illegale Agenten- und Spionageorganisation« und eine »Agentur des amerikanischen Imperialismus« bezeichnet und verfolgt.

Entsprechend wurden die Studentenorganisationen der evangelischen Kirchen attackiert, man enteignete kirchliche Freizeiteinrichtungen, die Jugendzeitschrift »Die Stafette« wurde verboten. Zahlreiche christliche Jugendliche flohen in den Westen. Erst auf Druck der Sowjetunion, die der SED-Führung kurz vor dem Volksaufstand am 17. Juni 1953 einen »Neuen Kurs« aufzwang, wurden die Repressionen wieder zurückgenommen.

Das Konzept einer Zurückdrängung der Kirche gab man jedoch nicht auf. 1954 bereits führte die SED die »Jugendweihe« als Gegenstück zur Konfirmation ein. Außerdem wurde seit 1958 der Religionsunterricht aus den Schulen gedrängt, der fortan in den kirchlichen Ge-

meindehäusern am Nachmittag stattfinden musste. 1968 gelang es der SED, die institutionelle Einheit der protestantischen Kirche in Ost- und Westdeutschland – die letzte noch existierende gesamtdeutsche Institution – zu zerstören. Im Juni 1969 gründeten die evangelischen Landeskirchen der DDR den Bund der evangelischen Kirchen (BEK).

In Folge des massiven öffentlichen Drucks ging die Zahl der Kirchenmitglieder drastisch zurück. Eine Volkszählung von 1964 ergab, dass die Kirche seit 1950 rund 31 % ihrer Mitglieder verloren hatte.

Anfang der 60er Jahre gelang der protestantischen Kirche in der DDR jedoch ein Erfolg, der die Geschichte und Entwicklung von Dissidenten in der DDR nachhaltig prägte. 1962 wurde die Wehrpflicht eingeführt, und unmittelbar darauf begannen vor allem christlich orientierte Jugendliche, die Ausbildung an der Waffe zu verweigern. Die Inhaftierung der christlichen Wehrdienstverweigerer führte zu heftigen Konflikten zwischen der SED und der protestantischen Kirche. Am 7. September 1964 wurde – nach längeren Verhandlungen – die Aufstellung von Baueinheiten in der Nationalen Volksarmee (NVA) ermöglicht. Jugendliche, die aus »religiösen Anschauungen oder aus ähnlichen Gründen« den Wehrdienst mit der Waffe ablehnten, wurden in diesen Baueinheiten der Armee eingesetzt.

Mit dieser Bausoldatenregelung schuf die SED – auf Druck der Kirche – »ungewollt die Möglichkeiten einer legalisierten Form des Widerstandes in der DDR«, schreibt Bernd Eisenfeld, der das erste Buch über die Bausoldaten publizierte. Zwischen 1964 und 1989 entschieden sich insgesamt 27 000 Wehrpflichtige für den »Bausoldatendienst«. »Es wurden auf diese Weise« – so Bernd Eisenfeld – »wehrpflichtige Menschen zusammengeführt, die dem SED-Regime bestenfalls reserviert und ansonsten mehr oder weniger ablehnend gegenüberstanden. Die Orte und Räume ihrer Zusammenführung erwiesen sich als Brutstät-

ten oppositioneller Gedanken, als Teststrecke für den aufrechten Gang und als Trainingsfelder für Auseinandersetzungen mit Andersdenkenden.« Zum Führungspersonal fast aller im Herbst 1989 gegründeten Oppositionsgruppen gehörten ehemalige Bausoldaten.

Weit über Ostberlin hinaus wurde z. B. der ehemalige Bausoldat Rainer Eppelmann bekannt. Ihn rechneten SED und MfS in den 80er Jahren zur Gruppe der gefährlichsten oppositionellen Aktivisten in der DDR. Zwischenzeitlich hatte man gar seine Ermordung geplant, sie dann aber wieder verworfen. Der heutige Bundestagsabgeordnete der CDU verweigerte 1964 den NVA-Dienst mit der Waffe und war von 1975 bis 1989 Pfarrer der Samaritergemeinde in der **Samariterstraße 27** in Berlin-Friedrichshain.

Er war auch der Erfinder der seit Sommer 1979 stattfindenden so genannten »Bluesmessen«. Rasch wurde diese Mischform von Gottesdienst, Konzert, Laientheater und Informa-

Abseits des Zentrums formierte sich die »Kirche von unten« mit oppositionellen Kontaktgruppen, Bluesmessen und Rockkonzerten (Aufnahme von 1988 aus der Zionskirche).

In der Französischen Friedrichstadtkirche am Gendarmenmarkt finden regelmäßig Seminare der Evangelischen Akademie Berlin-Brandenburg statt, die sich auch mit der Geschichte der DDR beschäftigen.

tionsveranstaltung zu einem riesigen Erfolg. Nur an wenigen anderen Orten der DDR wurde so frech gelacht und so offen gesprochen. Jugendliche aus dem ganzen Land reisten nur der »Bluesmessen« wegen nach Ostberlin. Diese mussten häufig wegen des großen Andrangs viermal hintereinander durchgeführt werden.

Rainer Eppelmann und seine »Bluesmessen« sind jedoch nur eines von vielen Beispielen, einer deutlich staatskritischen Tendenz im ostdeutschen Protestantismus, die im Berliner Dom nicht vorkommt, ohne die jedoch die Geschichte von Opposition und Widerstand in der DDR undenkbar wäre. Rainer Eppelmann und viele andere machten dem Ursprung des Wortes vom Protestanten, das aus dem Lateinischen kommt – pro-testari – und »öffentlich bezeugen«, also auch widersprechen heißt, alle Ehre. Im Berliner Dom erfährt man über die Tradition und das Wirken dieser protestantischen Oppositionellen wenig, in manchen

Seminaren der »Evangelischen Akademie Berlin-Brandenburg«, die zumeist im Französischen Dom am **Gendarmenmarkt** stattfinden, wird diese Tradition jedoch gepflegt. Besonders Ulrike Poppe und Ludwig Melhorn, beide Mitbegründer der DDR-Oppositionsgruppe »Demokratie Jetzt« (DJ) und heute Mitarbeiter der Akademie, bieten Seminare zu diesem und vielen anderen Themen an. Das aktuelle Programm kann man sich zuschicken lassen oder im Internet aufrufen.

Weiterführende Literatur:

Laurenz Demps: Der Berliner Dom. Berlin 1999; Bernd Eisenfeld: Kriegsdienstverweigerung in der DDR – ein Friedensdienst? Frankfurt/M. 1978; Peter Maser: Die Kirchen in der DDR. Bonn 2000; Ehrhart Neubert: Geschichte der Opposition in der DDR 1949–1989. Berlin 1998; Ehrhart Neubert: Eine Protestantische Revolution. Berlin 1990; Ulrike Poppe u. a.: Zwischen Selbstbehauptung und Anpassung – Formen des Widerstands und der Opposition in der DDR. Berlin 1995.

Oberpfarr- und Domkirche zu Berlin
Am Lustgarten
10178 Berlin
Tel.: 20 26 9-111

Öffnungszeiten:

Kuppel:	April–September 9–20 Uhr
	Oktober–März 9–17 Uhr
Predigtkirche:	Montag–Samstag 9–19 Uhr
	Sonntag und Feiertag 12–19 Uhr
Fürstengruft:	Montag–Samstag 9–18 Uhr
	Sonntag und Feiertag 12–18 Uhr

Anmeldung zu Domführungen: 20 26 9–119

Verkehrsverbindung: Mit der S-Bahn bis zum Bahnhof Hackescher Markt. Von dort läuft man die Burgstraße bis zur Brücke an der Nationalgalerie. Nach der Überquerung der Spree steht linker Hand der Berliner Dom.

Samariterkirche
Samariterstraße 27
10247 Berlin
Tel.: 426 77 75

Verkehrsverbindung: Man fährt mit der U-Bahn der Linie 5 bis zum Bahnhof Samariterstraße. Dort geht man ein kleines Stück die von der Frankfurter Allee abzweigende Samariterstraße hinauf und trifft am Samariterplatz auf die Samariterkirche.

Evangelische Akademie Berlin-Brandenburg
Charlottenstraße 53/54
10117 Berlin
Tel.: 20 35 55 00
E-Mail: akademie@eaberlin.de
Internet: www.eaberlin.de

Verkehrsverbindung: Vom U-Bahnhof Stadtmitte (U2 oder U6) aus läuft man ein kleines Stück die Mohrenstraße entlang bis zur Ecke Charlottenstraße. Dort steht man fast schon vor der Akademie.

Forschungs- und Gedenkstätte Normannenstraße

Das Ministerium für Staatssicherheit (MfS)

Wer durch die Toreinfahrt in der **Ruschestraße 103** auf den Hof tritt, hat – ohne es bisher zu wissen – den Weg beschritten, den am 15. Januar 1990 mehrere tausend Demonstranten nahmen. An diesem Januartag hatten über 10 000 Menschen die Zentrale des Ministeriums für Staatssicherheit besetzt, die bis zu diesem Zeitpunkt unbehelligt weitergearbeitet hatte. Damit war nun Schluss. Bereits seit dem 4. Dezember 1989 waren in vielen Städten der DDR die Bezirks- und Kreisverwaltungen des Geheimdienstes gestürmt worden. Das MfS

hatte neben der Zentrale 15 Bezirksverwaltungen, 211 Kreisdienst- und sieben Objektdienststellen. (Als »Objekte« galten besonders große Betriebe der DDR.) Die Bezirksverwaltung Berlin des MfS befand sich an der Ecke Alt-Friedrichsfelde und Gensinger Straße in Berlin-Lichtenberg. Bürgerkomitees begannen in der Vorweihnachtszeit 1989 in Absprache mit Polizei und Staatsanwaltschaft mit der Kontrolle des DDR-Geheimdienstes.

Der überraschenden Besetzung der Zentrale des Ministeriums für Staatssicherheit und sei-

Das ehemalige Hauptgebäude des Ministeriums für Staatssicherheit beherbergt heute die Forschungs- und Gedenkstätte Normannenstraße sowie mehrere Bürgerinitiativen.

Am 15. Januar 1990 wurde die Stasi-Zentrale von Bürgerrechtskomitees symbolisch zugemauert, die Protestaktion wuchs sich am Abend zu einer Besetzung aus, bei der auch manches zu Bruch ging.

ner untergeordneten Dienststellen ist es zu verdanken, dass der Besucher heute im so genannten »Haus 1« sowohl die Arbeitsräume des langjährigen Chefs des Ministeriums – Erich Mielke – besichtigen kann als auch eine Auswahl der Überwachungstechnik der Geheimdienstler zu sehen bekommt. Zu den sachkundigen Führungen durch das Gebäude – die meist von Opfern des Stasi-Terrors durchgeführt werden – sollte man sich vorher telefonisch anmelden. Zu empfehlen ist darüber hinaus die dortige Ausstellung zur Geschichte des MfS sowie des Widerstandes in der DDR und das Café, in dem auf Anfrage Dokumentarfilme zur Geschichte der DDR und ihres von der SED angeleiteten Überwachungsapparates gezeigt werden.

Das Haus bietet jedoch noch mehr. Nach der Auflösung des DDR-Geheimdienstes haben sich hier Bürgerrechtsgruppen niedergelassen. Das »Bürgerkomitee 15. Januar e. V.«, benannt

nach dem denkwürdigen Sturm auf die Stasizentrale, gibt hier die Zeitschrift »Horch und Guck« heraus und betreibt eine öffentlich zugängliche »Mediathek« mit Büchern, Zeitschriften, Filmen und Tondokumenten. Der »Bund der Stalinistisch Verfolgten« (BSV) publiziert die Zeitschrift »Der Stacheldraht« und hilft SED-Opfern, ihre Rechtsansprüche geltend zu machen.

Führungen durch das eigentliche Archiv des ostdeutschen Geheimdienstes – im Haus 7 auf demselben Hof der **Ruschestraße 103** – finden nicht regelmäßig statt. Hierfür ist eine Nachfrage per Telefon oder E-Mail bei der »Gauck-Behörde« erforderlich. Die Behörde wird im Volksmund nach ihrem ersten Leiter Joachim Gauck so genannt. Inzwischen leitet sie Marianne Birthler. Der richtige Name ist: »Bundesbeauftragte für die Unterlagen des Staatssicherheitsdienstes der ehemaligen DDR«.

Das gesamte Gelände zwischen der Rusche-, Normannen- und Magdalenenstraße sowie der Frankfurter Allee – und noch einige Gebäudekomplexe mehr – gehörten vor 1989 zur MfS-Zentrale. In der Eingangshalle von Haus 1 ist ein Modell der gesamten Anlage zu besichtigen. Bei seiner Gründung 1950 residierte der Geheimdienst lediglich in einem Gebäude an der Ecke Normannenstraße und Magdalenenstraße. Mit der Zeit breitete er sich über das ganze Viertel aus. Wie Robert Ide, Journalist der Berliner Tageszeitung »Der Tagesspiegel«, berichtet, waren im Jahre 1973 MfS-Mitarbeiter eigens auf gerade im Bau befindliche Hochhäuser in der gegenüber liegenden Frankfurter Allee gestiegen, um zu prüfen, wie hoch man die MfS-Zentrale bauen müsse, damit von außen niemand auf die Hofanlagen des Komplexes schauen könne. Entsprechend riesig fiel dann der Gebäudeteil an der Ecke Ruschestraße/ Frankfurter Allee aus. Hier residierte Markus Wolf, der Leiter der »Hauptverwaltung Aufklärung« (Auslandsspionage) im MfS.

»Das gesamte Areal« – schreibt Ide – »wurde zugebaut. Kleinere Querstraßen wie Müllerstraße und Hellmuthstraße verschwanden einfach. Beim Umbau des Viertels wurde auch keine Rücksicht auf den Denkmalschutz genommen. Alte Wohnhäuser im Bauhaus-Stil an der Ecke Ruschestraße/Normannenstraße wurden platt gemacht, nachdem die Stasi sie von der Schutzliste hatte streichen lassen. Ein kleines Gemeindehaus der Neuapostolischen Kirche musste ebenfalls weichen. Der Glaubensgemeinschaft, die gute Kontakte nach Amerika pflegte, wurde ein Ersatzhaus am Münsterlandplatz – nicht weit von der MfS-Zentrale entfernt – angeboten.« Nach dem Abriss stellte die Stasi das klobige Haus 18 an die Ecke und richtete darin ihre Hygiene-Inspektion und einen Versorgungstrakt ein. Beim Sturm der Stasi-Zentrale stießen die Bürger hier auf ein Weinlager und auf Berge von Konservendosen.

Ganz genau erfährt man diese Geschichte inzwischen im nahe gelegenen Heimatmuseum Lichtenberg in der **Parkaue 4** oder in einem Buch mit dem Titel »Die Zentrale«, das man an der Kasse des Museums erwerben kann.

Die meisten Besucher des Hauses 1 streben unmittelbar in die 1. Etage, in die Arbeitsräume von Erich Mielke, der von 1957 bis 1989 Minister für Staatssicherheit der DDR war, je-

doch bereits seit Gründung des MfS 1950 als Staatssekretär unter seinen Vorgängern Zaisser und Wollweber im Ministerium arbeitete. Und in der Tat, die Räume hinterlassen den Eindruck, man befinde sich in den Repräsentations-, Arbeits- und Privaträumen eines kleinbürgerlichen Terrorspezialisten.

Der 1905 in Berlin geborene Mielke wuchs in ärmlichen Verhältnissen auf, gehörte früh dem Jugendverband der KPD an, war Angehöriger ihres Parteiselbstschutzes und wurde bereits 1931 wegen der Beteiligung an einem Polizistenmord in Berlin steckbrieflich gesucht. Der Tatort befindet sich unmittelbar vor dem Filmtheater Babylon in der Rosa-Luxemburg-Straße 30. 1934 wurde Mielke in Abwesenheit zum Tode verurteilt. Während des Nationalsozialismus besuchte er u. a. die Internationale Leninschule in Moskau und war Angehöriger der Internationalen Brigaden im Spanischen Bürgerkrieg. Nach dem Krieg leitete er zunächst eine Polizeiinspektion und stieg dann in das MfS auf. Mielke überlebte alle Querelen im SED-Politbüro, dem er seit Honeckers Machtantritt 1971 zunächst als Kandidat und

Am 4. September 1990 erfolgte eine zweite Besetzung der Normannenstraße, die von der Bevölkerung massiv unterstützt wurde. Diesmal ging es um den Zugang der DDR-Bürger zu ihren Akten, was dann auch politisch durchgesetzt werden konnte.

seit 1976 als Mitglied angehörte. Honecker traf sich mit ihm wöchentlich einmal zu Geheimgesprächen nach den Politbürositzungen. Mielke gehörte zu den mächtigsten Männern der DDR. Von seinen Biographen wird er als bekennender Stalinist mit Jagdleidenschaft geschildert. Der Sozialismus als humanistische Utopie interessierte ihn nicht.

Mielke definierte die Aufgabe des Ministeriums für Staatssicherheit 1975 so: »Mit dem MfS entstand ein spezielles Organ der Diktatur des Proletariats, das in der Lage ist und über alle Mittel verfügt, unter der Führung der SED gemeinsam mit den anderen staatlichen Organen und bewaffneten Kräften und in enger Verbundenheit mit den Werktätigen die Arbeiter-und-Bauern-Macht und die revolutionäre Entwicklung zuverlässig gegen jede konterrevolutionäre Tätigkeit äußerer und innerer Feinde der DDR zu schützen sowie die innere Sicherheit und Ordnung allseitig zu gewährleisten.«

Diese Sicherheitsphilosophie entsprach perfekt den Anforderungen der SED an den Geheimdienst. Von Anfang an war das Ministerium eine der Partei nachgeordnete Institution, fast 100 % seiner Mitarbeiter waren Mitglieder der SED, der Minister für Staatssicherheit unterstand unmittelbar dem Staats- und Parteichef. In den 15 Bezirken der DDR wiederholte sich das Schema: Die jeweiligen Bezirksverantwortlichen des MfS waren unmittelbar den Bezirkssekretären der SED verantwortlich.

Das Ministerium übte vor allem drei Funktionen aus, es war 1. Geheimpolizei und überwachte und bekämpfte Gegner der Parteidiktatur, darüber hinaus war es 2. ein Nachrichtendienst, zuständig für Spionage und Spionageabwehr. Außerdem hatte das Ministerium eigene exekutive Befugnisse als 3. Untersuchungsbehörde bei so genannten Staatsverbrechen. Das MfS verfügte sogar über eigene Gefängnisse, in Berlin z. B. das zentrale Untersuchungsgefängnis in der **Genslerstraße 66**.

Das Wirken des MfS war dabei weder genau definiert, noch wurde es parlamentarisch kontrolliert, es verstand sich als »Schwert und Schild der Partei«. In der Zentrale, in den Bezirksverwaltungen und Kreisdienststellen arbeiteten – nach einer letzten Personalerhebung im Oktober 1989 – ca. 91 000 hauptamtliche Mitarbeiter, ihnen standen ca. 175 000 geheime Zuträger, so genannte inoffizielle Mitarbeiter (IM), zur Seite.

Es hatte jedoch, dies dokumentieren die Ausstellungen im Haus 1, alles nichts genutzt. Das Ministerium wurde 1989/90 zunächst gestürmt und dann aufgelöst. Minister Mielke wurde nach seinem Tod am 6. Juni 2000 in einem anonymen Urnengrab auf dem nahe gelegenen Zentralfriedhof Friedrichsfelde in der Gudrunstraße beigesetzt. Seine Herrschaft ist gebrochen. Wo sonst auf der Welt kann man die Zentrale eines untergegangenen Geheimdienstes besuchen und sich dessen Arbeitsweise von seinen ehemaligen Opfern erklären lassen? Die Forschungs- und Gedenkstätte in der Normannenstraße ist ein Museum zur Zeitgeschichte der ganz besonderen Art.

Weiterführende Literatur:
ASTAK-Verlag (Hrsg.): Die Zentrale – Das Hauptquartier des Ministeriums für Staatssicherheit in Berlin Lichtenberg. Berlin 2001; Jens Gieseke: Mielke-Konzern. Die Geschichte der Stasi 1945–1990. Stuttgart u. München 2001; Walter Süß: Staatssicherheit am Ende. Warum es den Mächtigen nicht gelang, eine Revolution zu verhindern. Berlin 1999.
Wissenswertes zu Erich Mielke und der DDR im Internet: www.ddr-im-www.de/Spezial/Mielke/ Spez_Mielke.htm

Das ehemalige Arbeitszimmer von Stasi-Chef Mielke ist heute der Öffentlichkeit zugänglich.

Forschungs- und Gedenkstätte in der Normannenstraße
Ruschestraße 103, Haus 1
10365 Berlin
Internet:
http://home.snafu.de/stasimuseum/index.htm

Öffnungszeiten: Montag–Freitag 11–18 Uhr,
Samstag/Sonntag 14–18 Uhr

Führungen: Tel.: 553 68 54, Fax: 553 68 53
Führungen durch das Archiv der Stasi im Haus 7:
Anmeldung über Bundesbeauftragte für die Stasi-Unterlagen, Tel.: 23 24 66 99
E-Mail: archivfuehrungen@bstu.de

Bürgerkomitee 15. Januar e. V.
Tel.: 553 05 51
Internet: http://www.buergerkomitee.org/

Öffnungszeiten: Dienstag–Donnerstag 11–18 Uhr
und nach Vereinbarung

Bund der Stalinistisch Verfolgten e. V.
Tel.: 55496334
Internet: http://www.bsv-stacheldraht.de

Sprechzeiten: Dienstag 8–17 Uhr,
Mittwoch 9–12 Uhr,
Donnerstag 8–15 Uhr
und nach Vereinbarung

Forum zur Aufklärung und Erneuerung
Tel.: 55 15 59 86
E-Mail: forum_aufklaerung@yahoo.de
Internet: www.DDR-Diktatur.de

Osteuropa-Zentrum Berlin
Kontakt über Detlef Stein
Tel.: 99 40 18 87
E-Mail: detlef.w.stein@t-online.de

Verkehrsverbindung:
Mit der U-Bahn Linie 5 bis zum Bahnhof Magdalenenstraße. Direkt am Ausgang links befindet sich der Eingang zum Gebäudekomplex des ehemaligen MfS.

Heimatmuseum Lichtenberg
Parkaue 4
10367 Berlin
Tel.: 57 79 46 53

Öffnungszeiten: Dienstag u. Donnerstag 11–18 Uhr,
Mittwoch 13–18 Uhr,
Sonntag 14–18 Uhr
(feiertags geschlossen)

Verkehrsverbindung: Das Heimatmuseum befindet sich nur einen kurzen Fußweg vom S- und U-Bahnhof Frankfurter Allee entfernt, am Ring-Center vorbei, links in die Möllendorffstraße und die zweite Straße wieder links.

Gedenkstätte Hohenschönhausen

Politische Gefangene

Die Geschichte der sowjetischen Besatzungszone (SBZ) und später der DDR war von Anfang an mit der Verfolgung und Unterdrückung
Andersdenkender verbunden. Etwa 250 000
Menschen wurden in den 40 Jahren der DDR
Opfer von Urteilen politischer Strafjustiz. Die
heutige Gedenkstätte Hohenschönhausen in
der **Genslerstraße 66** ist wohl einer der wichtigsten Orte der Stadt Berlin, an dem diese
DDR-Realität exemplarisch und vor allem bedrückend anschaulich nachzuvollziehen ist.
Einst lediglich als graue leere Fläche – es han-
delte sich hier um ein Sperrgebiet – im Stadt-

plan Ostberlins ausgewiesen, ist das ehemalige
zentrale Untersuchungsgefängnis des Ministeriums für Staatssicherheit (MfS) heute ein
von vielen Besuchern frequentierter Ort. (In
allen anderen 14 DDR-Bezirken verfügte das
MfS ebenfalls über eigene Untersuchungsge-
fängnisse.)

Um den Besuchern der seit 1994 geöffneten
Gedenkstätte einen weitestgehend authentischen Eindruck von den Haftbedingungen für
die Opfer und politischen Gegner der DDR zu
vermitteln, machen ehemalige Inhaftierte mit
der Geschichte des Gefängnisses vertraut und

Zufahrt zur ehemaligen Untersuchungshaftanstalt des Ministeriums für Staatssicherheit.

Doppelt gesichertes Rollgittertor am Personaleingang.

führen über das Gelände sowie durch die Zellen des Gefängnisses. Hier wird nicht nur ein Ort des Terrors erkennbar, Besucher werden bei den Rundgängen (allein darf man das Gelände nicht erkunden) auch mit dem Originalton von Häftlingen konfrontiert. Näher erlebt man in Berlin die einst verborgene »andere« Seite der DDR selten. Ein Besuch ist deshalb dringend anzuraten.

Bislang ist die Geschichte des Ortes – so berichtet der Leiter der Gedenkstätte Hubertus Knabe in einem Aufsatz – nicht recht erforscht. Wichtige Dokumente, die bislang noch nicht eingesehen werden konnten, sollen »im Archiv des russischen Geheimdienstes FSB« lagern. Andere wesentliche Unterlagen, die in der Gauck-Behörde liegen, konnten bislang »nur punktuell ausgewertet werden«. Erst in Umrissen ist die Geschichte daher rekonstruierbar. Es liegen jedoch eine große Anzahl von persönlichen Erinnerungen von Häftlingen vor. Einige Namen von Untersuchungsgefangenen des MfS sind Lesern dieses Reiseführers be-

reits bekannt oder werden ihnen noch begegnen: Paul Merker, Max Fechner, Walter Janka und Jürgen Fuchs. Sie und viele andere lernten den Ort als politische Häftlinge kennen.

Auf dem Gelände der heutigen Gedenkstätte Hohenschönhausen befanden sich bis 1945 eine Großküche der Nationalsozialistischen Volkswohlfahrt (NSV) und ein Zwangsarbeiterlager. Als sowjetische Truppen 1945 Berlin eroberten, errichteten sie hier – ebenso wie auf dem **Gelände des ehemaligen KZ Sachsenhausen** – ein Internierungslager. In Hohenschönhausen trug es den Namen »Speziallager 3«. Es diente der Sowjetischen Militäradministration (SMAD) vor allem als Sammel- und Durchgangslager für andere sowjetische Internierungslager in Ostdeutschland. Es war für etwa 2 500 Häftlinge eingerichtet worden, teilweise jedoch mit bis zu 4 200 Gefangenen belegt. In diesen »Speziallagern« wurden deutsche Zivilisten gefangen gehalten, die der SMAD als Nazis oder als Gegner der sowjetischen Politik in ihrer Besatzungszone galten. Da rechtsstaatliche Verfahren – wie in den Internierungslagern der Westalliierten – hier nicht stattfanden, lassen sich die tatsächlichen Gründe der Inhaftierung nur noch selten wahrheitsgemäß ermitteln. Die Internierung war für die – von der Außenwelt völlig abgeschotteten – Häftlinge sehr hart. Kälte, Hunger und Krankheiten machten ihnen schwer zu schaffen. Auf etwa 3 000 schätzt die Gedenkstätte die Anzahl der Toten im »Speziallager 3«, das bereits im Oktober 1946 aufgelöst wurde. Die Gefangenen wurden danach in das »Speziallager 7« (später Nr. 1) auf dem Gelände des ehemaligen KZ Sachsenhausen in Oranienburg bei Berlin verlegt.

Für einige der im »Speziallager 3« umgekommenen Menschen haben die Gedenkstätte und das zuständige Bezirksamt mittlerweile einen Denkort auf dem nahe gelegenen Friedhof Gärtnerstraße Ecke Rhinstraße eingerichtet. Die Gebeine von 143 Toten, die man bei Sanierungsarbeiten auf dem Gelände der Gedenkstätte fand, wurden hier nachbestattet.

Nach Auflösung des Speziallagers unterhielt der sowjetische Geheimdienst in Kellerräumen ein Untersuchungsgefängnis. Der wegen seiner feuchtkalten Kellerzellen von Häftlingen häufig »U-Boot« genannte Gefängnistrakt ist heute noch zu besichtigen. Festgehalten wurden hier, neben ehemaligen Nazis, vorwiegend Sozialdemokraten, Christdemokraten, Jugendliche und Studenten, die sich der Politik der SMAD in der SBZ widersetzten. In der Regel wurden sie zu Haftstrafen zwischen 10 und 25 Jahren Arbeitslager verurteilt, manche von ihnen deportierte man von hier direkt zur Zwangsarbeit in das sowjetische Workuta. Die Verhöre im »U-Boot« fanden in der Regel nachts statt und waren mit Drohungen, Beschimpfungen und körperlicher Gewalt verbunden. Die Häftlinge sollten gebrochen werden.

1951 übernahm das neu gegründete MfS das komplette Gelände und führte auch das »U-Boot« unter der Aufsicht sowjetischer Berater als zentrales Untersuchungsgefängnis weiter. Hier wurde 1955 z. B. einer der wichtigsten

Historiker zur Geschichte der DDR und ihrer Gegner mehrere Monate festgehalten: Karl Wilhelm Fricke. Er galt dem MfS als notorischer Gegner der SED-Politik. Sein Vater war als NSDAP-Mitglied im »Speziallager 2«, das der sowjetische Geheimdienst auf dem Gelände des KZ Buchenwald errichtet hatte, interniert worden und starb 1952 im Zuchthaus Waldheim. Karl Wilhelm Fricke, der in Westberlin als Journalist arbeitete und gegen die Justizpraxis der DDR anschrieb, war von MfS-Mitarbeitern kurzerhand entführt worden. Er wurde zu vier Jahren Haft wegen angeblicher »Spionage« verurteilt, die er dann – in den Zuchthäusern Brandenburg und im Gefängnis Bautzen II – absitzen musste.

Wer sich mit der Geschichte politischer Haft in der DDR beschäftigen will, dem sei Frickes Bericht über seine Entführung (»Akten-Einsicht«, Berlin 1995), aber auch eine Sammlung seiner Recherchen zur Geschichte der DDR

Der feuchte und kalte Kellerzellentrakt wurde von den Gefangenen »U-Boot« genannt.

(»Der Wahrheit verpflichtet«, Berlin 2000) ans Herz gelegt. Fricke wie viele andere Gefangene erlebte hier wochenlange Isolation, mangelhafte sanitäre Möglichkeiten, schlechte Verpflegung und harte, regelmäßige Verhöre.

Nahe dem »U-Boot« errichtete das MfS 1952 ein Haftarbeitslager, in dem verurteilte Häftlinge bis 1974 Bau- und Reparaturarbeiten ausführen mussten. Etwa 8 000 Menschen, die wegen überwiegend krimineller Straftaten hier arbeiteten, durchlitten dieses »Lager X« genannte Gefängnis. Sie errichteten zwischen 1958 und 1962 auch den heute noch zu besichtigenden Gefängnisneubau mit über 200 Zellen und Vernehmerzimmern. Die Haftbedingungen waren seit der Inbetriebnahme dieses Neubaus deutlich milder als im »U-Boot«, die Zellen verfügten jetzt immerhin über Tageslicht, Matratzen, Bettzeug und Wandschränke. Seit den 60er Jahren bemühte sich die DDR darum – parallel zu ihren Versuchen, ein international anerkannter Staat zu werden –, die Haftbedingungen »europäischen Standards« anzupassen.

Haft- und Vernehmungsregime waren jedoch – wenn nun auch weniger offensichtlich – weiterhin darauf ausgerichtet, die Widerstandsfähigkeit der Gefangenen zu brechen. Kaum einer der Häftlinge wusste, wo er sich befand. Man wurde vor der Einlieferung in geschlossenen Gefängniswagen mitunter oft stundenlang hin und her kutschiert, bis man die Orientierung verloren hatte. Meist schlossen sich Phasen völliger Isolation an. Die Aufseher durften darüber hinaus mit den Gefangenen nicht sprechen. Alles wurde darauf ausgerichtet, den Gefangenen zu einem »Geständnis« der inoffiziell ermittelten Vorwürfe zu bewegen. Der Vernehmer bildete den einzigen Gesprächskontakt des Gefangenen und war zudem Herr über Hafterleichterungen und Haftverschärfungen.

Wie viele und welche Gefangenen in der zentralen Untersuchungshaftanstalt des MfS festgehalten worden sind, ist bislang kaum erforscht. Viele der namhaften DDR-Oppo-

Wachturm an der Außenmauer des Gefängnisses mit einer Informationstafel der Gedenkstätte.

sitionellen haben Hohenschönhausen jedoch kennen gelernt, z. B. Bärbel Bohley, Ulrike Poppe und Freya Klier. Menschen, die wegen Flucht- und Ausreisebestrebungen in Haft gerieten – sie stellten zwischen 1949 und 1989 ungefähr die Hälfte aller ca. 250 000 Opfer der politischen Strafjustiz in der DDR –, bildeten jedoch den Hauptteil.

In einer Broschüre der Gedenkstätte (»Die vergessenen Opfer der Mauer«, Berlin 2002), die im dortigen Buchladen angeboten wird, ist zum Beispiel das Schicksal von Mario R. geschildert, der heute Besucher durch die Gedenkstätte führt. Mario, der in Ostberlin lebte, hatte sich in Budapest in einen Mann aus Westberlin verliebt. Das MfS kam dahinter und übte massiven Druck auf ihn aus, er solle die Beziehung abbrechen. Er weigerte sich und versuchte über Ungarn nach Jugoslawien zu flüchten, um von dort über die Botschaft der Bundesrepublik nach Westberlin zu gelangen. Bei dem Fluchtversuch wurde er im Juni 1987 verhaftet und in das Gefängnis in Hohenschönhausen eingeliefert. Er selbst und seine Eltern wussten nicht, wo er sich befand. In den Verhören ging es lediglich um seinen Freund in Westberlin und weitere Bekannte im Westen. Auf Grund einer Amnestie wurde Mario drei Monate später entlassen. Das Ermittlungsverfahren gegen ihn blieb jedoch bestehen. Er stellte daraufhin einen Ausreiseantrag und konnte 1988 die DDR verlassen.

Nach seiner endgültigen Schließung am 4. Oktober 1990 stand das Gefängnis zunächst leer. 1992 beschloss der Berliner Senat die Einrichtung einer Gedenkstätte. Seit 1994 ist sie für Besucher geöffnet. 1995 wurde eine vom Land Berlin und der Bundesrepublik geförderte Stiftung gegründet, die den Auftrag hat, die Geschichte der zentralen Untersuchungshaftanstalt des MfS und ihrer politischen Häftlinge zu erforschen.

Weiterführende Literatur:
Falco Werkentin: Recht und Justiz im SED-Staat. Bonn 1998; Hubertus Knabe: Die deutsche Lubjanka – Das zentrale Untersuchungsgefängnis des DDR-Staatssicherheitsdienstes in Berlin-Hohenschönhausen. In: Deutschland Archiv 1/2002; Johannes Beleites: Das Zentral-Gefängnis der Stasi. Die Untersuchungshaftanstalt des Ministeriums für Staatssicherheit in Berlin-Hohenschönhausen [Arbeitstitel]. Erscheint voraussichtlich im Frühjahr 2003 in Berlin.

Gedenkstätte Hohenschönhausen
Genslerstraße 66
13055 Berlin
Tel.: 98 60 82 30
E-Mail: info@stiftung-hsh.de
Internet: www.stiftung-hsh.de

Öffnungszeiten: ganzjährig und täglich 9–18 Uhr
Rundgänge: 11 und 13 Uhr, Samstag und Sonntag auch 15 Uhr
spezielle Führungen sind nach vorheriger telefonischer Anmeldung möglich

Bildungsangebot: Für Schulklassen, Lehrer und Besuchergruppen werden Seminare und Projekttage angeboten. Informationen auf der Website oder telefonisch.

Verkehrsverbindung: Mit den Straßenbahnen 5 oder 15 bis Haltestelle Freienwalder Straße oder mit den Straßenbahnen 6, 7 oder 17 bis Genslerstraße.

Gedenkort für die Häftlinge des Speziallagers 7
in der Gedenkstätte und Museum Sachsenhausen
Straße der Nationen 22
16515 Oranienburg
Tel.: 033 01/20 0-0
Besucherdienst/Anmeldung: 033 01/20 0-2 00
E-Mail: info@gedenkstaette-sachsenhausen.de
Internet: http://gedenkstaette-sachsenhausen.de

Öffnungszeiten:
15. März–14. Oktober: täglich 8.30–18 Uhr
15. Oktober–14. März: täglich 8.30–16.30 Uhr
(montags sind Museen, Besucherdienst und Buchladen geschlossen)
Archiv und Bibliothek:
Dienstag–Freitag von 9–15.30 Uhr (Eintritt frei)
Gruppenführungen für Erwachsene
(max. 35 Personen): 25 Euro
Führungen für Schüler und Jugendliche: frei
Thematische Führungen: 2,50 Euro pro Person
(ermäßigt 1,50 Euro)

Verkehrsverbindung: Mit der S-Bahn (S1) vom Bahnhof Friedrichstraße zum Bahnhof Oranienburg. Von dort mit dem Bus 804 in Richtung Malz. Er hält an der Gedenkstätte.

Dokumentationszentrum der Gauck-Behörde

Vom offenen Terror zur »sanften« Zersetzung

Dieser Denkort ist auch für Ortskundige mit Stadtplan schwer zu finden. Die Hausnummern in der Mauerstraße sind nämlich nicht ganz so verteilt, wie man sich das vorstellt. Man findet dieses wichtige Dokumentationszentrum der Behörde für die Stasi-Unterlagen an der Ecke **Mauerstraße** und **Französische Straße** oder – von der Wilhelmstraße her – am Durchgang neben der **Wilhelmstraße 54**. Wer sich vom Umfang und der Geschichte politischer Verfolgung in der DDR seit 1949 einen Gesamteindruck verschaffen möchte und/oder selbst einen Antrag auf Akteneinsicht stellen will, dem ist ein Besuch sehr zu empfehlen, zumal in der Umgebung wesentliche andere Sehenswürdigkeiten der Stadt Berlin liegen: das Brandenburger Tor, der Bundestag im Reichstagsgebäude oder das entstehende Holocaust-Mahnmal.

Untergebracht ist die ständige Ausstellung über die Arbeitsweise des Ministeriums für Staatssicherheit (MfS) in den Jahren 1950 bis 1989 in einem Gebäudekomplex, der bis 1989 zum Innenministerium der DDR gehörte. Heute sind die umliegenden Gebäude im Besitz des Deutschen Bundestages. Bei vorheriger telefonischer Anmeldung wird man sach- und fachkundig durch die Ausstellung begleitet und erhält Einblick in ausgewählte Akten des DDR-Geheimdienstes. Auf Nachfrage werden auch Filme über die Tätigkeit des Ministeriums für Staatssicherheit gezeigt.

Dass sich heute nicht nur die Betroffenen, sondern auch Gerichte, Journalisten, Wissenschaftler und Berlin-Besucher ein ziemlich umfassendes Bild von Rolle und Funktion des DDR-Geheimdienstes machen können, ist ein Erfolg der Bürgerrechtler. Sie haben nicht nur im Dezember 1989 mit der Auflösung des Ministeriums begonnen, sondern darüber hinaus durch eine symbolische Besetzung der ehemaligen Zentrale des MfS – in der Ruschestraße 103 – im September 1990 dazu beigetragen, dass die Offenlegung der Akten in den Einigungsvertrag zwischen Bundesrepublik und DDR nachträglich aufgenommen wurde.

Ursprünglich war kein öffentlicher Zugang zu den Akten des Ministeriums vorgesehen.

Figurengruppe aus DDR-Zeit vor dem Eingang zum Informations- und Dokumentationszentrum der Bundesbeauftragten für die Stasi-Unterlagen.

Als der Vertragsentwurf mit seinen Einzelheiten bekannt wurde, hagelte es Proteste. Katja Havemann, Bärbel Bohley, Ingrid Köppe, Reinhard Schult, Hans Schwenke und viele andere DDR-Bürgerrechtler besetzten daraufhin die Zentrale des MfS und erhielten vielfältige Sympathiebekundungen. Erst unter diesem großen öffentlichen Druck entschieden sich schließlich die Regierungen der DDR und der Bundesrepublik gegen das geplante Wegschließen der Akten im Bundesarchiv. Die heute mögliche individuelle Akteneinsicht wurde durch den Bundestag endgültig im Stasi-Unterlagengesetz vom 20. Dezember 1991 geregelt. Die Gauck-Behörde, im Volksmund so nach ihrem ersten Leiter, Joachim Gauck, benannt, hat an fast allen Orten in den neuen Bundesländern, an denen heute Akteneinsicht möglich ist – Rostock, Schwerin, Neubrandenburg, Magdeburg, Frankfurt an der Oder, Potsdam, Halle, Cottbus, Dresden, Leipzig, Erfurt, Gera, Suhl und Chemnitz; die Adressen findet man auf der Internetseite der Bundesbeauftragten für die Stasi-Unterlagen –, Dokumentationszentren eröffnet. Eines davon befindet sich in der **Mauerstraße** in Berlin.

Der Rundgang im Dokumentationszentrum bietet nicht nur viele wesentliche Details, Dokumente, Namen und Zusammenhänge, er macht darüber hinaus auch auf Dinge aufmerksam, die in anderen Ausstellungen zum Thema nicht so leicht zu finden sind. An einigen Stellen wird z. B. deutlich, was Bürgerrechtler vorfanden, als sie zum ersten Mal in ihre Akten sehen konnten. Sie entdeckten, dass sie nicht nur bespitzelt und ausgeforscht worden waren, sondern dass man sie auch »zersetzen« wollte. »Zersetzung« war eine Form des Terrors, den das Ministerium für Staatssicherheit vornehmlich in den 70er und 80er Jahren anwandte.

Darunter verstand das MfS die »systematische Diskreditierung des öffentlichen Rufes«, die »systematische Organisierung beruflicher und gesellschaftlicher Misserfolge«, die »zielstrebige Untergrabung von Überzeugungen im Zusammenhang mit bestimmten Idealen und

Pfarrer Rainer Eppelmann (rechts) im Gespräch mit dem damaligen Bundesbeauftragten Joachim Gauck während der Einsicht in seine Stasi-Akten (Januar 1992).

Vorbildern«, das »Erzeugen von Misstrauen und gegenseitigen Verdächtigungen innerhalb von Gruppen«, das »Erzeugen bzw. Ausnutzen und Verstärken von Rivalitäten innerhalb von Gruppen«, die »Beschäftigung von Gruppen ... mit ihren internen Problemen« und »örtliches und zeitliches Unterbinden bzw. Einschränkungen der gegenseitigen Beziehungen der Mitglieder einer Gruppe ... z.B. durch Arbeitsplatzbindungen, Zuweisung örtlich entfernt liegender Arbeitsplätze usw.«.

Hinter der bürokratischen Sprache der MfS-Offiziere verbirgt sich die entscheidende Weiterentwicklung politischen Terrors in der DDR der Ära Honecker. Nutzte die SED zu Ulbrichts Zeiten noch einen offen gewalttätigen Justizterror, der in der Ausstellung gleich zu Beginn für die Jahre 1949 bis 1961 geschildert wird, so wurden seit den 70er Jahren eher subtile Formen der Verfolgung bevorzugt. Dieser Wandel hatte mit der neuen internationalen Rolle der DDR seit den 70er Jahren zu tun: Quasi-Anerkennung der DDR durch die Bundesrepublik, Aufnahme der DDR in die UNO, Beteiligung der DDR an der Konferenz für Sicherheit und Zusammenarbeit in Europa (KSZE).

Als eigentlichen Drehpunkt für den Wechsel von Verfolgungspraktiken ist die Ausbürgerung Wolf Biermanns 1976 anzusehen. Dazu findet der Besucher eine eigene Tafel im Zeitabschnitt 1971–1989. Insbesondere die große Zahl internationaler Proteste gegen die Ausbürgerung des DDR-Poeten stellten für SED und MfS dringlich die Frage, wie man die innere Opposition zerschlagen könnte, ohne Aufmerksamkeit im Ausland zu erregen oder gar Sanktionen befürchten zu müssen.

Die Ausstellungsmacher fanden in den Aktenbergen ein Papier, in dem die Stasi-Offiziere dieses Problem sehr klar formulierten: »Um der Behauptung des Gegners die Spitze zu nehmen, dass wir ideologische Meinungsverschiedenheiten oder Andersdenkende mit den Mitteln des so genannten politischen Strafrechts bekämpfen, sind dazu noch wirksamer Maßnahmen zur Kriminalisierung dieser Handlungen sowie nicht strafrechtliche Mittel anzuwenden.« Gesucht wurde eine Form der Repression unterhalb der Schwelle öffentlicher Sichtbarkeit.

Angehörige des MfS waren auch an den Grenzübergangstellen eingesetzt, um Besucher aus dem Westen verdeckt zu kontrollieren und bei Bedarf zu überwachen. (Aufnahmen aus dem Bahnhof Friedrichstraße von 1986).

Vom Geheimdienst eingebaute Abhörtechnik in der Wohnung von Pfarrer Eppelmann.

Man fand diese spezifischen Gewaltmittel in einer Art lautloser Kriegsführung. Es ging dabei um absichtsvoll herbeigeführte Katastrophen und Lebenskrisen von Oppositionellen: Der Ehepartner ging fremd, der Führerschein war plötzlich verschwunden, Freunde und Angehörige wendeten sich überraschend ab, das Bankkonto wies keine Deckung mehr auf, man verlor Job und Wohnung. Oft waren die »Maßnahmen« so konstruiert, dass mehrere Katastrophen zusammenfielen. Wichtig an diesen »Maßnahmen« war, dass der Betroffene vom Auftraggeber solcher »Unfälle« – dem MfS – nichts erfuhr. Er sollte diese »Katastrophen« damit auf sich selbst zurückführen, demoralisiert und innerlich zerstört werden.

Solche Katastrophen geplant herbeizuführen, konnte nur dann gelingen, wenn Nachbarn, Arbeitskollegen, Vorgesetzte, Polizisten und Richter, ja sogar Freunde und Eltern auf Anweisung der Stasi mitspielten. Sie taten es oft genug. Die bislang beste historische Darstellung der Zersetzungspolitik hat Sandra Pingel-Schliemann erarbeitet. Sie trägt den Titel »Zersetzen – Strategie einer Diktatur« (Berlin 2002).

Wer nach dem Rundgang durch die Ausstellung meint, es könnte auch über ihn eine Akte angelegt worden sein, kann an Ort und Stelle einen Antrag auf Einsichtnahme ausfüllen. Der Besucher der Ausstellung kann im Dokumentationszentrum auch sämtliche Broschüren und wissenschaftlichen Arbeiten einsehen, die in der Forschungsabteilung der Gauck-Behörde erarbeitet wurden.

Ganz besonders zu empfehlen ist hier die vom mittlerweile verstorbenen Schriftsteller und Bürgerrechtler Jürgen Fuchs erarbeitete Broschüre zum Thema »Zersetzung« (In der Reihe BF informiert: Jürgen Fuchs: Unter Nutzung der Angst. Die »leise Form« des Terrors – Zersetzungsmaßnahmen des MfS. Berlin 1997). Jürgen Fuchs war 1976 als Organisator von Protesten gegen die Ausbürgerung Wolf Biermanns in der DDR festgenommen worden und nach neun Monaten Untersuchungshaft – in der Untersuchungshaftanstalt des MfS in Berlin-Hohenschönhausen, **Genslerstraße 66** – in die Bundesrepublik ausgebürgert worden. Fuchs – über dessen Inhaftierung und Ausbürgerung in der Ausstellung auch eine Tafel informiert – hat sich in seinem schriftstellerischen Werk mehrfach mit dem Thema »Zersetzung« auseinandergesetzt. Zuletzt in seinem dokumentarischen Roman »Magdalena« (Berlin 1998), in dem er seine Arbeit in der Gauck-Behörde 1992/93 schildert.

Weiterführende Literatur:

Karl Wilhelm Fricke: MfS-Intern. Köln 1991; Sandra Pingel-Schliemann: Zersetzen – Strategie einer Diktatur. Berlin 2002; Jürgen Fuchs: Magdalena. Berlin 1998; Siegfried Suckut (Hg.): Das Wörterbuch der Staatssicherheit. Definitionen zur »politisch-operativen Arbeit«. Berlin 1996.

Informations- und Dokumentationszentrum der Bundesbeauftragten für die Unterlagen des Staatssicherheitsdienstes der DDR
Mauerstraße 38
Postfach 218
10106 Berlin
E-Mail: post@bstu.bund.de
Internet: www.bstu.de

Gruppenführungen und Einführungsgespräche bitte vorab vereinbaren
Telefonische Anmeldung zu Führungen: 23 24 79 51 oder 23 24 79 59

Verkehrsverbindung: Das Informations- und Dokumentationszentrum befindet sich nur ein paar Schritte entfernt vom U-Bahnhof (U6) Französische Straße. Man muss vom U-Bahnhof aus die Französische Straße in westlicher Richtung entlang laufen.

Weitere Informations- und Dokumentationszentren gibt es in den ehemaligen Bezirksstädten der DDR

So in Frankfurt/Oder:
Fürstenwalder Poststraße 87
15234 Frankfurt (Oder)
Tel.: (03 35) 45 47-117
Fax: (03 35) 45 47-111
Internet: www.bstu.de

Öffnungszeiten: täglich 9–16 Uhr, Dienstag bis 18 Uhr, Eintritt frei; Führungen sollten bitte vorab vereinbart werden

Verkehrsverbindungen: Mit der Straßenbahn Linie 2 oder 5 bis zur Haltestelle Messegelände, dann in Fahrtrichtung ca. 800 m Fußweg; mit dem Bus der Linien 980 oder 982 bis zur Haltestelle Schillerstraße, dann in Fahrtrichtung ca. 200 m Fußweg.

Emil-Fischer-Hörsaal
der Humboldt-Universität

Robert Havemann, Wolf Biermann und
die »Kulturopposition«

Wer diesen Ort nicht gezielt sucht, wird ihn leicht übersehen: den Emil-Fischer-Hörsaal des Instituts für Chemie der Humboldt-Universität in der **Hessischen Straße 1–2,** am Übergang zur Hannoverschen Straße. Berlin-Touristen steht der Hörsaal leider nicht offen. Die Gedenktafel, um die es hier geht, ist ziemlich klein. Erst wer näher herantritt, erkennt, dass in diesem inzwischen ziemlich renovierungsbedürftig wirkenden Gebäude Robert Havemann im Wintersemester 1963/64 seine berühmte Vorlesungsreihe über »Naturwissenschaftliche Aspekte philosophischer Probleme« gehalten hat. Schon 1964 wurden die Texte unter dem Titel »Dialektik ohne Dogma« (Reinbek 1964) in der Bundesrepublik veröffentlicht und fanden international hohe Beachtung.

Heute kann man nur noch schlecht ermessen, welche Wirkung von seinen Worten für die Entwicklung der DDR ausging. 1250 Studenten hatten sich zu der Veranstaltung im Wintersemester eingeschrieben: »Sozialismus ist ohne Demokratie nicht zu realisieren«, sagte der Chemieprofessor. »Was ich hier sage, hat Lenin immer und immer wieder mit aller Schärfe und Deutlichkeit gesagt. Er hat davor gewarnt, dass die Demokratie zerstört wird, und darauf hingewiesen, welche furchtbaren Folgen die Zerstörung der Demokratie beim Aufbau des Sozialismus haben muss. Nur durch Demokratie können wir die Massen von der Notwendigkeit des Kampfes für den Sozialismus überzeugen und für diesen Kampf gewinnen.«

Lenin hätte Havemann sicher nicht zugestimmt. Aber das war hier unerheblich. Als SED-Mitglied und langjähriger Abgeordneter der Volkskammer plädierte Havemann in seinen Vorlesungen für einen Sozialismus mit Demokratie, für die Freiheit des Wortes und den Meinungsstreit in der wissenschaftlichen Forschung. Zwei Jahre nach dem Mauerbau glich dies einem Erdbeben. Trotz seiner deutlich sozialistischen und antikapitalistischen Position wurde Havemann zunächst aus der Partei ausgeschlossen, als Hochschullehrer entlassen und später auch aus der Akademie der Wissenschaften entfernt.

Eingang zum traditionsreichen Institut für Chemie der Humboldt-Universität, in dem sich der Emil-Fischer-Hörsaal befindet.

Die Vorlesungen von Robert Havemann, in denen er auf undogmatische Weise über naturwissen-schaftliche und philosophische Probleme reflektierte, waren stets bis auf den letzten Platz gefüllt.

Endgültiger Auslöser für das vollständige Berufsverbot war ein Artikel, der im Dezember 1965 im »Spiegel« erschien. Darin schlug Havemann die Neugründung einer kommunistischen und nicht-stalinistischen Partei in der Bundesrepublik vor und erwartete davon eine Beförderung der Idee der deutschen Einheit. »Gibt es die Linken nicht hüben und drüben?«, hatte Havemann geschrieben. »Könnten sie nicht die erste gesamtdeutsche Einheit bilden?« Nichts war der SED in dieser Zeit der harten Abgrenzung ferner.

Trotz der umfassenden Disziplinierung, die nun folgte, ließ Robert Havemann sich jedoch nicht mundtot machen. »Mit zahlreichen Publikationen suchte er bis zu seinem Tode über westliche Medien Einfluss auf die politischen Verhältnisse zu nehmen und Gehör bei seinen Landsleuten zu finden«, schreibt Werner Theuer, der im Robert-Havemann-Archiv, in der **Schliemannstraße 23,** den Nachlass Have-

manns bearbeitet. »Damit prägte er eine neue oppositionelle Handlungsweise. In einem Staat ohne Öffentlichkeit nahm er sich die Freiheit und wurde politischer Publizist. Jahre später entwickeln Oppositionelle daraus die Praxis, Publizität im Westen als Schutz vor Verfolgung im Osten zu schaffen.«

Um Havemann bildete sich in den späten 60er Jahren ein Kreis kritischer Geister. Zu diesem Kreis gehörte auch der nur ein paar Schritte vom Emil-Fischer-Hörsaal entfernt lebende Wolf Biermann. An Biermanns Wohnung erinnert heute nichts mehr. Die lange Zeit in der Chausseestraße 131 angebrachte Gedenktafel ist mehrfach gestohlen worden und wurde mittlerweile nicht mehr erneuert.

Als Havemann und Biermann sich 1963 kennen lernten, lebte der »Liedermacher« gerade zehn Jahre in der DDR. Einige Wochen vor dem Volksaufstand vom 17. Juni 1953 war der 1936 geborene Biermann von Hamburg in die

DDR übergesiedelt, um den Aufbau des besseren Deutschlands kritisch zu begleiten. »Liedermacher« nannte er sich in Anlehnung an Bertolt Brecht, der ein paar Schritte weiter, in der Chausseestraße 125, gelebt und sich als »Stückeschreiber« bezeichnet hatte. An Brechts Theater, dem »Berliner Ensemble«, ebenfalls nur ein paar Schritte entfernt, am heutigen Bertolt-Brecht-Platz 1, hatte Biermann 1957 bis 1959 gewirkt. Ein von ihm danach mitgegründetes Berliner Arbeiter- und Studententheater (b.a.t.) erlebte immer wieder harte Zensureingriffe. Seine Gedichte und Balladen wurden nur in wenigen Anthologien gedruckt, 1964 ließ man ihn zwar noch auf eine Konzertreise fahren, die der Sozialistische Deutsche Studentenbund (SDS) der Bundesrepublik veranstaltete, doch im Dezember 1965 erhielt Biermann wegen seiner frechen Texte totales Auftritts- und Veröffentlichungsverbot.

Auch er ließ sich nicht mundtot machen und publizierte fortan vor allem in der Bundesrepublik und sang im privaten Kreis. Berühmt waren vor allem seine Geburtstagsfeiern in der Chausseestraße, bei denen sich auch viele bekannte DDR-Literaten einfanden »All diese Leute« – so berichtete Havemann 1978 –, »viele sehr sympathische, auch intelligente und künstlerisch hoch begabte Leute, wagten es nicht, ebenso wie Wolf aufzutreten und neben ihn zu treten, weil sie das Berufsverbot fürchteten, das an ihm für alle sichtbar ausgeübt wurde.«

Die SED fürchtete die Wirkung Havemanns und Biermanns besonders. Biermanns Vater, Kommunist und Jude, war in Auschwitz umgebracht worden. Havemann hatte, als Todeskandidat, von 1943 bis 1945 in demselben Zuchthaus in Brandenburg eingesessen wie der spätere Staatschef Erich Honecker. Heute ist in einem Teil des Gefängnisses (amtlich: Justizvollzugsanstalt der Stadt Brandenburg, **Anton-Saefkow-Allee 22**) eine Gedenkstätte eingerichtet. Mit den Kommunisten Havemann und Biermann griff die SED zugleich zwei Antifaschisten an. Das barg die Gefahr einer Selbstdemontage in sich. Das MfS verwendete deshalb seit 1964 immense Energie darauf,

Gedenktafel zur Erinnerung an die kritischen Havemann-Vorlesungen im Wintersemester 1963/64 in der Hessischen Straße.

Havemann irgendeiner Zusammenarbeit mit der NSDAP zu überführen, um seinen Ruf zu zerstören. Ohne Erfolg. Die Angriffe auf Robert Havemann und Wolf Biermann diskreditierten eher das Ansehen der sich selbst als antifaschistisch definierenden SED und DDR.

Die aufrechte Haltung von Biermann und Havemann hatte große Anziehungskraft auf junge, kritische Geister in der DDR. Der Schriftsteller Jürgen Fuchs hat dies einmal so beschrieben: »Havemann, als Widerstandskämpfer in der Nazi-Todeszelle, … was hat er uns jungen Leuten gesagt, als er gebrochen hatte mit dem falschen Staat der Antifaschisten, mit dem er jahrelang verbunden war, dem er als Agent der sowjetischen Befreier und als IM (Inoffizieller Mitarbeiter – der Verf.) der deutschen demokratischen kommunistischen Genossen zugearbeitet hat? Was hat er uns gesagt, als er seinen Bruch vollzogen hatte und tief gefallen ist? Er sagte: Die jeweilige Diktatur bekämpfen, nicht lähmen lassen von der Biographie eines

Zum Freundeskreis von Robert Havemann (2. Reihe links) gehörten der Liedermacher Wolf Biermann und zahlreiche Schriftsteller, unter ihnen Sarah Kirsch (stehend neben Biermann).

Honecker! Keiner hat das Recht, andere zu quälen und zu beherrschen, weil er im Zuchthaus saß. Ihr Kinder der Täter und der Diktatur, wehrt euch, ihr seid dran, wir sind bald alt und nicht mehr da!«

Die Chance, sich wenigstens einen dieser kritischen Geister vom Halse zu schaffen, sah die SED gekommen, als Wolf Biermann im November 1976 zu einem Konzert in die Bundesrepublik eingeladen wurde. Veranstalter war die Gewerkschaft IG Metall. Trotz heftiger Bedenken nahm er die Einladung an und wurde am 16. 11. 1976 prompt ausgebürgert. Doch nicht nur für Biermann entstand daraus ein Problem. Die SED, die nur mit wenig Kritik gerechnet hatte, verspielte mit diesem Akt viel von dem Ansehen, das sie bei linken Intellektuellen im eigenen Land und international zu diesem Zeitpunkt noch genoss.

Es hagelte ungeahnt viele Proteste. Besonders schmerzlich für die SED: Praktisch alle bedeutsamen Schriftsteller der DDR, Sarah Kirsch, Christa Wolf, Volker Braun, Franz Fühmann, Stephan Hermlin, Stefan Heym, Günter Kunert, Heiner Müller, Rolf Schneider, Gerhard Wolf, Jurek Becker, Jürgen Fuchs und an die 100 andere protestierten öffentlich gegen die Ausbürgerung und forderten ihre Rücknahme.

Die SED nahm jedoch die Ausbürgerung nicht zurück, sondern maßregelte stattdessen die Protestierer. Das Ergebnis war ein ungeahnter Exodus der kulturellen Elite der DDR.

Um den Einfluss von Robert Havemann in der DDR noch weiter einzuschränken, wurde er von November 1976 bis zum Mai 1979 mit einem Hausarrest belegt. Rund um die Uhr wurde sein Grundstück in Grünheide bei Berlin von Truppen des MfS bewacht, Besucher wurden nur einzeln vorgelassen, auf allen Fahrten in die Stadt wurden er und seine Familie von MfS-Angehörigen begleitet.

Doch selbst mit diesem Hausarrest, einer Geldstrafe von 10 000 DDR-Mark, einer 1979 zusätzlich erfolgten Beschlagnahmung fast seiner gesamten Bibliothek sowie der Schreibmaschine war Havemann nicht mundtot zu machen. Er publizierte weiter in der Bundesrepublik. 1978 erschien gar ein ganzer Interviewband mit ihm (»Ein deutscher Kommunist«). Der Politikwissenschaftler Manfred Wilke aus Westberlin hatte Havemann Fragen zukommen lassen, der dann seine Antworten auf Tonband sprach und die Aufnahme zurück in den Westen schmuggelte. Das Interview wurde sogar im Rundfunk ausgestrahlt: »Ich denke ja gar nicht daran, die DDR zu verlassen, wo man wirklich auf Schritt und Tritt beobachten kann, wie das Regime allen Kredit verliert und schon verloren hat und es nur noch weniger äußerer Anstöße und Ereignisse bedarf, um das Politbüro zum Teufel zu jagen«, war Havemanns Stimme per Funk zu vernehmen.

Zusammen mit dem in der DDR-Opposition sehr populären Jugendpfarrer aus der Samaritergemeinde in der Samariterstraße 27 in Berlin-Friedrichshain, Rainer Eppelmann, initiierte Havemann noch kurz vor seinem Tod den »Berliner Appell«. Mit zahlreichen anderen protestierten sie gegen die Aufstellung amerikanischer und sowjetischer Mittelstreckenraketen in Deutschland Ost und West. Wie bereits 1965 spielte auch hier die deutsche Einheit für Havemann eine unübersehbare Rolle. »Das geteilte Deutschland« – hieß es in dem Appell – »ist zur Aufmarschbasis der beiden großen Atommächte geworden. Wir schlagen vor, diese lebensgefährliche Konfrontation zu beenden. Die Siegermächte des Zweiten Weltkrieges müssen endlich die Friedensverträge mit den beiden deutschen Staaten schließen, wie es im Potsdamer Abkommen beschlossen worden ist. Danach sollten die ehemaligen Alliierten ihre Besatzungstruppen aus Deutschland abziehen und Garantien über die Nichteinmischung in die inneren Angelegenheiten der beiden deutschen Staaten vereinbaren.«

Die Form des Appells selbst, samt seiner pazifistisch-neutralistischen Position, wurde stilbildend für die DDR-Opposition. Diese Opposition der 70er und 80er Jahre sah Havemann als Vorbild und verbreitete Biermanns Lieder auf Hunderten von privat kopierten Tonbandkassetten. Die größte Bürgerrechtsgruppe des Herbstes 1989, das Neue Forum, wurde auf Havemanns Grundstück in Grünheide bei Berlin gegründet. Eine der Initiatorinnen war Katja Havemann, die Frau des Regimekritikers. Er selbst erlebte das Ende der

Robert Havemann erhielt in seiner Wohnung in Grünheide bei Berlin Hausarrest, die Staatssicherheit sperrte die Straße und kontrollierte jeden Besucher (Aufnahme von 1977).

DDR nicht mehr. Er starb am 9. April 1982. Seine Beerdigung, eine Woche später auf dem **Friedhof in Grünheide**, wurde zu einer Demonstration der Opposition in der DDR. Rainer Eppelmann hielt die Grabrede.

Weiterführende Literatur:
Roland Berbig u. a. (Hrsg.): In Sachen Biermann. Protokolle, Berichte, Briefe zu den Folgen einer Ausbürgerung. Berlin 1994; Wolf Biermann: Die Ausbürgerung – Anfang vom Ende der DDR. München 2001; Wolfgang Büscher u. a. (Hrsg.): Friedensbewegung in der DDR. Texte 1978 bis 1982. Hattingen 1982; Katja Havemann/Joachim Widmann: Robert Havemann oder wie die DDR sich selbst erledigte, Berlin 2003; Dirk Draheim u. a. (Hrsg.): Robert Havemann – Dokumente eines Lebens. Berlin 1991; Manfred Wilke (Hrsg.): Robert Havemann. Ein deutscher Kommunist. Reinbek 1978.

Humboldt-Universität zu Berlin
Emil-Fischer-Hörsaal
Hessische Straße 1–2
10115 Berlin

Verkehrsverbindung: Am U-Bahnhof Oranienburger Tor biegt man in die Hannoversche Straße ein, auf deren gegenüberliegender Seite das Eckhaus Chausseestraße 131 steht. Am Übergang zur Hessischen Straße befindet sich der Hörsaal mit der Gedenkplakette.

Dokumentationsstelle Brandenburg
Anton-Saefkow-Allee 22
14772 Brandenburg/Havel
Tel.: 033 81/71 89 80

Verkehrsverbindung: Am Bahnhof Zoo steigt man in die Regionalbahn nach Brandenburg. Dort nimmt man die Straßenbahn 1 bis zur Anton-Saefkow-Allee.

Grab von Robert Havemann
Waldfriedhof Grünheide
15537 Grünheide

Verkehrsverbindung: Mit der Regionalbahn fährt man von Berlin-Zoologischer Garten nach Fangschleuse. Vom Bahnhof Fangschleuse läuft man – der Weg ist ausgeschildert – nach Grünheide. Dort trifft man auf die Karl-Marx-Straße. Von der biegt wiederum eine kleine Straße mit dem Namen Am Schlangluch ab. Von der Straße geht ein namenloser Weg zum Waldfriedhof.

Robert-Havemann- und Matthias-Domaschk-Archiv

DDR-Opposition in den 70er und 80er Jahren

Das Haus ist auf den ersten Blick unscheinbar. Mit bloßem Auge lässt sich nicht erkennen, worauf es hier ankommt. In der Regel ist außerdem die Tür der **Schliemannstraße 23** verschlossen, und der Besucher muss erst klingeln. Dennoch befindet sich hier einer der wichtigsten Denkorte zur Geschichte der DDR-Opposition. Ein Besuch und eine Führung sind deshalb – telefonische Voranmeldung ist unerlässlich – unbedingt zu empfehlen. Im 1. und 2. Stock des Hinterhauses befinden sich die wichtigsten Archive der DDR-Bürgerrechtler: das Robert-Havemann- und das Matthias-Domaschk-Archiv.

Ehemalige Aktivisten aus der Bürgerrechtsgruppe »Neues Forum« und Mitarbeiter der nicht mehr existierenden DDR-Oppositionszeitschrift »Umweltblätter« tragen hier in mühevoller Kleinarbeit zusammen, was und wer in den 70er und 80er Jahren in dieser Opposition wichtig war und wie die herrschende SED und ihr Geheimdienst diese Opposition bekämpften. Ergänzend werden auch Dokumente zu Widerstand und Opposition in der DDR der 40er, 50er und 60er Jahre gesammelt. Man will »das« Archiv der DDR-Opposition werden.

Einige der Veröffentlichungen der beiden Archive erscheinen bis heute im BasisDruck Verlag, der hier ebenfalls beheimatet ist. Ohne den Verlag wären die Archive in diesem Haus gar nicht untergekommen. Der Verlag wurde am 30. Dezember 1989 von Klaus Wolfram und Stefan Ret gegründet, um die erste neu entstandene Zeitung »Die Andere«, die den oppositionellen Gruppen verbunden war, herauszugeben. Da die zunächst zugewiesenen

Verlagsräume zu klein wurden, besetzte man kurz entschlossen im April 1990 das Haus in der Schliemannstraße. Seitenflügel und Hinterhaus standen damals leer. Die Besetzung wurde einige Zeit später durch einen günstigen Mietvertrag legalisiert. Da die Zeitung nur bis 1992 durchhielt und sich andere Projekte zerschlugen, holte der Verlag verschiedene andere Mieter in die nun leer stehenden Räume.

Dass die DDR-Opposition vor 1989 überhaupt öffentliche Treffpunkte hatte, war durchaus nicht gewöhnlich. Die »kulturpolitische Opposition« der 60er und 70er Jahre (z. B. Robert Havemann und Wolf Biermann) traf sich in Wohnungen und funktionierte private Feiern (Geburtstage, Hochzeiten etc.) zu politischen Debatten um. Auch die wenigen konspirativen Zirkel von Intellektuellen aus den 70er Jahren, die im Gefolge der sowjetischen Niederschlagung des »Prager Frühlings« tätig waren, organisierten ihre politischen Aktivitäten unter dem Schutzschild privater Feiern. Erst die oppositionellen Gruppen, die nach der Ausbürgerung Wolf Biermanns im November 1976 und mit dem Protest gegen amerikanische und sowjetische Mittelstreckenraketen entstanden, fanden Orte und Räume vor allem unter dem Dach der Kirche.

Das hieß keineswegs, diese Gruppen wären legal gewesen. Die SED duldete bis zum Herbst 1989 keine von ihr selbst unabhängigen Organisationen oder gar politische Zusammenschlüsse. Sie respektierte jedoch – in gewissem Rahmen – die Tätigkeit der protestantischen Kirche, wenn die sich auf den Bereich der Theologie und Seelsorge beschränkte. Ein nicht unwesentlicher Streit zwischen Kirchengemeinden, Kirchenführung und SED in den 70er und 80er Jahren drehte sich deshalb immer wieder darum, was darunter genau zu verstehen sei. Viele Kirchengemeinden und Pfarrer hatten ein sehr enges Verständnis von Theologie und Gottesdienst, einige wenige couragierte ein sehr weites.

Auf diese Weise entstand auch ein Teil der Sammlungen zur DDR-Opposition, die sich heute in der **Schliemannstraße 23** befinden. Wesentliche Bestände des heutigen Matthias-Domaschk-Archivs stammen aus der »Umwelt-Bibliothek«. Diese Einrichtung war am 2. September 1986 gegründet worden und hatte ihre Räume ursprünglich – nicht sehr weit entfernt von der Schliemannstraße – in der protestantischen Zionskirchgemeinde in der **Griebenowstraße**. Die »UB« – wie man sich selbst abkürzend nannte – verfügte über eine Bibliothek, in der verbotene oder unerwünschte Bücher auszuleihen waren, eine Galerie, in der Versammlungen, Konzerte und Vorträge stattfanden, ein Café und die bereits erwähnte halblegale Zeitschrift »Umweltblätter«.

Diese Zeitschrift war das am meisten verbreitete Informationsblatt der DDR-Opposition, hatte Autoren und einen Verteiler in der ganzen DDR, und ihre Auflage steigerte sich von ursprünglich 200 bis auf 4 000 Exemplare. Das Blatt bestand keineswegs nur aus Artikeln zu Umweltproblemen, es enthielt – trotz der Aufschrift »Innerkirchliche Information«, mit der es als Veröffentlichung der Kirchengemeinde ausgewiesen war – Artikel zu allen Themen der DDR-Gesellschaft.

Die »Umwelt-Bibliothek« wurde in der ganzen DDR bekannt, als sie in der Nacht vom 24. auf den 25. November 1987 einen Überfall von Einsatzgruppen des Ministeriums für Staatssicherheit (MfS) erlebte. Das MfS wollte die Drucker der »Umweltblätter« dabei ertappen, wie sie eine nicht kirchlich lizenzierte Zeitschrift – das Blatt »Grenzfall« der Oppositionsgruppe »Initiative Frieden und Menschenrechte« – herstellten. Dies wäre vermutlich ein Grund gewesen, die »Umwelt-Bibliothek« zu schließen. Der Beweis jedoch misslang.

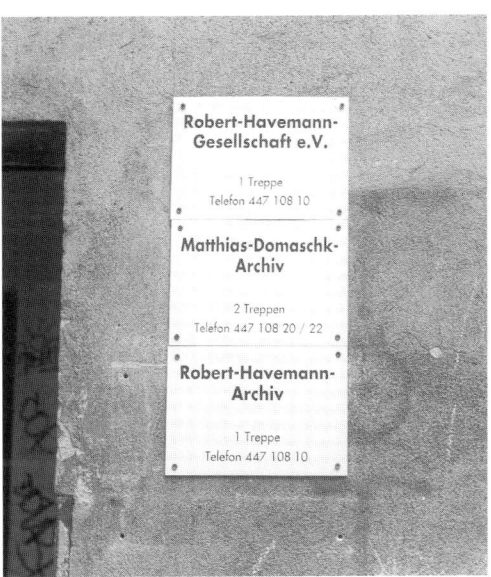

Der eher unscheinbare Hinterhof-Eingang in der Schliemannstraße 23 in Prenzlauer Berg.

Das Ministerium für Staatssicherheit inhaftierte trotzdem mehrere Mitarbeiter der »Umwelt-Bibliothek«, löste damit aber eine bis dahin unvorstellbare Solidaritätswelle für die Inhaftierten und für Pressefreiheit in der ganzen DDR aus. Informiert durch eine Mahnwache in der Zionskirche und ein dort eingerichtetes Kontakttelefon, gab es überall in der DDR Mahnwachen, Bittandachten, Protestmeetings und Gedenkgottesdienste für die Inhaftierten. Die Protestwelle erreichte auch die Öffentlichkeit im Westen und bedrohte damit das politische Image der DDR, die sich seit der Ausbürgerung Wolf Biermanns um ein liberales Gesicht bemühte. Die letzten beiden Gefangenen wurden deshalb bereits drei Tage später wieder freigelassen. Ein veritabler Sieg für die Opposition.

Die Solidaritätswelle im November 1987 war nur deshalb möglich geworden, weil die Zahl der Gruppen, die in den 70er und 80er Jahren ähnlich wie die »Umwelt-Bibliothek« in der DDR aktiv waren, seit dem Ende der 70er Jahre bereits deutlich angewachsen war: 160 »personelle Zusammenschlüsse« zählte der ostdeutsche Geheimdienst in einer Über-

Tom Sello von der Umweltbibliothek beim Verkauf von Samisdat-Zeitschriften.

sicht, die Ende 1988 zusammengestellt wurde. Etwa 250 Gruppen zählten die Oppositionellen selbst. 60 Personen aus diesen Gruppen rechnete der Geheimdienst zu den unverbesserlichen Gegnern des Regimes, etwa 3 500 Menschen zu ihrem näheren, etwa 20 000 zu ihrem weiteren Umfeld. Die meisten dieser Gruppen waren in oder am Rande der protestantischen Kirche der DDR aktiv.

Mitte der 80er Jahre war es dieser Opposition sogar gelungen, sich landesweit zu vernetzen. Seit 1983 tagte jährlich einmal das Seminar »Frieden konkret«, faktisch eine Delegiertenversammlung fast aller Friedens-, Umwelt- und Menschenrechtsgruppen, die es damals in der DDR gab. Die dort vertretenen Gruppen begannen später sogar einen koordinierenden Ausschuss zu wählen, den so genannten »Fortsetzungsausschuss«, der ihre Interessen in der Zeit zwischen den Seminaren vertrat und das jeweils nächste Seminar vorbereitete. Mit den Mahnwachen und der DDR-weiten Protestwelle im November 1987 hatte die DDR-Opposition zum ersten Mal ihre ge-

meinsame Handlungsfähigkeit unter Beweis gestellt.

Trotz dieser beeindruckenden organisatorischen Leistung war das Gros dieser Gruppen keineswegs einig über Ziele und Wege ihrer Aktivitäten. Neben Anliegen wie z. B. Umweltschutz, einem zivilen Ersatzdienst, einer Friedenserziehung, der Unterstützung von Entwicklungsprojekten in der Dritten Welt und dem Austausch von schwer erhältlicher oder verbotener Literatur stand oft einfach der Wunsch im Mittelpunkt, sich zu treffen und Freundschaften zu pflegen, ohne dabei die Kontrolle des Staates zu spüren.

Auch das Selbstverständnis einer »politischen Opposition« teilten nicht alle Gruppen. Die meisten konzentrierten sich auf konkrete Anliegen in der DDR und hielten weniger von Diskussionen zu politischen Gesamtkonzepten. Die herrschende SED sah dies anders. Sie bezeichnete die Gruppen als »feindlich-negative Elemente«, die von »Diversionszentralen« aus dem »Operationsgebiet« – so die Bezeichnung der Geheimdienstleute für Westdeutschland – angeleitet würden und die Macht der Arbeiterklasse zum Einsturz bringen wollten. Jede nicht von ihr selbst angeleitete Initiative betrachtete die SED letztlich als Angriff auf die »Arbeiter- und Bauern-Macht«.

Wer sich einen Eindruck von der Umgebung verschaffen möchte, in der Gruppen wie die »Umwelt-Bibliothek« während der DDR-Zeit beheimatet waren, sollte neben den beiden Archiven in der Schliemannstraße die Gethsemane-Kirche besuchen. Man findet sie in unmittelbarer Nähe in der Stargarder Straße, Ecke **Gethsemanestraße**. Die Kirche war in den 80er Jahren immer wieder ein Ort von Mahnwachen, Gedenkgottesdiensten, Friedensgebeten und anderen Zusammenkünften, mit denen Oppositionelle ihre Kommunikation in der Diktatur organisierten.

In eben dieser Gethsemane-Kirche organisierten Mitarbeiter eines Friedenskreises aus Weißensee und der »Umwelt-Bibliothek« Ende September 1989 eine Mahnwache und eine Fastenaktion für die Inhaftierten, die seit Sep-

Nach dem brutalen Vorgehen der Polizei gegen Demonstranten am 7. und 8. Oktober 1989 fanden allabendlich in der Gethsemane-Kirche Solidaritätsgottesdienste für die zu Unrecht Inhaftierten statt.

tember 1989 bei Demonstrationen in Leipzig, Dresden und an anderen Orten der DDR verhaftet worden waren. Diese Mahnwache und die bürgerkriegsähnlichen Polizeieinsätze, mit denen das Regime hier friedliche Demonstranten auseinander trieb, wurden der Ausgangspunkt für den politischen Umbruch in Ostberlin.

Am Abend des 7. Oktober 1989, es war der 40. Geburtstag der DDR, hatten – nach Abschluss der offiziellen Aufmärsche – mehrere tausend Jugendliche in der Innenstadt Ostberlins für die Zulassung der Bürgerrechtsgruppe »Neues Forum« demonstriert. Sie waren gegen 17 Uhr vom Alexanderplatz aus mit Rufen wie »Gorbi, Gorbi« – Michail Gorbatschow weilte zu den Feierlichkeiten in Ostberlin – und »Freiheit, Freiheit« in Richtung Palast der Republik gezogen. Da starke Polizeiketten das weitere Vorankommen der Demonstration blockierten, kehrten die etwa 3 000 De-

monstranten um und setzten sich in Richtung Prenzlauer Berg in Bewegung.

Auf dem Weg zur Gethsemane-Kirche kam es bereits zu Verhaftungen und heftigen Polizeieinsätzen gegen die friedlichen Demonstranten. Vor dem Portal der Kirche brannten Hunderte von Kerzen zum Gedenken an die in Leipzig, Potsdam und anderen Städten Verhafteten. Gegen 21 Uhr wurde die Gegend um den nahe gelegenen S- und U-Bahnhof Schönhauser Allee hermetisch abgeriegelt. Vergitterte Lastwagen und Wasserwerfer fuhren auf. Gegen Mitternacht wurde die friedliche Menge, die immer noch Parolen für die Freilassung der Inhaftierten, Pressefreiheit, Zulassung des Neuen Forums und »Keine Gewalt« skandierte, gewaltsam auseinander getrieben, viele wurden verhaftet.

Auch in Potsdam, Leipzig, Dresden, Plauen, Jena, Magdeburg, Arnstadt, Ilmenau und Karl-Marx-Stadt (heute Chemnitz) wurden an diesem Tag friedliche Demonstrationen gewaltsam aufgelöst. In der Nacht vom 8. auf den 9. Oktober wiederholten sich die bürgerkriegsähnlichen Szenen, diesmal unmittelbar an der Gethsemane-Kirche. Nach einer Fürbittandacht kesselten Polizeieinheiten die aus der Kirche kommenden Menschen ein und prügelten sie dann in der Nacht auseinander. Erneut wurden viele Menschen verhaftet. Die Aufklärung des Ablaufs dieser Polizeieinsätze und die Bestrafung der Verantwortlichen wurde später eine der Vorbedingungen für den Dialog zwischen Opposition und SED.

Die Atmosphäre der letzten Jahre in der untergehenden DDR ist selbst dann, wenn man heute an der Gethsemane-Kirche oder an der Zionskirche steht, nicht mehr so einfach vorstellbar. Dazu sollte man sich schon eine kleine Führung durch die beiden Archive geben lassen und ein wenig in den gesammelten Unterlagen lesen oder, besser noch, mit den Mitarbeitern der Archive sprechen.

Wer den Versuch machen möchte, die DDR aus der Perspektive eines ihrer Oppositionellen zu betrachten, sollte zu den Romanen des Schriftstellers Jürgen Fuchs greifen. Er hat ne-

Gegen die gewalttätigen Aktionen der Polizei setzten die Bürgerrechtler im Herbst 1989 ihren gewaltlosen Widerstand (Aufnahme vom 7.10.1989 am Palast der Republik).

ben vielen Essays, Gedichten und politischen Kommentaren mit seinen drei autobiographischen Romanen »Fassonschnitt« (1984), »Das Ende einer Feigheit« (1988) und »Magdalena« (1998) eine Romantrilogie geschaffen, die um die wesentlichen existenziellen Entscheidungen kreist, vor die sich Oppositionelle auch in der späteren DDR gestellt sahen: Wie lange sollte man mitmachen? Ab wann sollte man sich den Zumutungen des Regimes verweigern? Lohnte es sich überhaupt zu widerstehen?

Weiterführende Literatur:
Wolfgang Rüddenklau: Störenfried – DDR-Opposition 1986–1989. Berlin 1992; Bernd Linderer: Die demokratische Revolution in der DDR 1989/90. Bonn 1998; Ehrhart Neubert: Geschichte der Opposition in der DDR 1949–1989. Berlin 1998.

Matthias-Domaschk-Archiv
Robert-Havemann-Archiv
Schliemannstraße 23
10437 Berlin
Tel.: 44 71 08 10, Fax: 44 71 08 19
Tel.: 44 71 08 20, Fax: 44 71 08 29
Öffentlichkeitsarbeit: Tom Sello
E-Mail: archive@havemann-gesellschaft.de
Internet: www.havemann-gesellschaft.de

Gethsemane-Kirche
Gethsemanestraße 9
10437 Berlin

Führung und Turmbesteigung: sonntags nach dem Gottesdienst, ca. 12 Uhr

Verkehrsverbindung: Am Alexanderplatz steigt man in die U-Bahn U2 Richtung Pankow und fährt bis zur Station Schönhauser Allee, läuft etwas zurück, biegt links in die Stargarder Straße ein, geht an der Gethsemane-Kirche vorbei bis man rechts auf die Schliemannstraße trifft.

Zionskirche
Ev. Kirchengemeinde Sophien, Bezirk Zion
Griebenowstraße 16
10435 Berlin
Tel.: 449 21 91
Internet: www.zionskirche-berlin.de

Verkehrsverbindung: Man fährt mit der U-Bahn der Linie U8 bis zum U-Bahnhof Rosenthaler Platz, läuft den Weinbergsweg hinauf und sieht dann links den Zionskirchplatz, auf dem sich die Zionskirche befindet.

Gedenkstätte Berliner Mauer

Flucht, Ausreise, Freikauf – die Erosion von innen

Wo die Mauer stand und wie sie aussah, ist heute in Berlin nur noch schwer erkennbar. Ein paar wenige Teilstücke sind lediglich verblieben. Wer originale Mauerstücke sucht, findet eines in der **Niederkirchnerstraße**, es begrenzt die Ausstellung über den Nationalsozialismus, die »Topographie des Terrors«, und steht heute unter Denkmalschutz. Ein weiteres Reststück, die so genannte »East-Side-Gallery«, findet sich in der Mühlenstraße in der Nähe des Ostbahnhofs. Hier wurden am Anfang des Jahres 1990 Graffiti angebracht. Beide Teilstücke leiden jedoch daran, dass es sich nur um isolierte Reste einer komplizierten Sperranlage handelt.

Der Todesstreifen und die vielen anderen Teile der Mauer sind hier nicht mehr auszumachen.

Wer einen kompletten Eindruck von den Grenzbefestigungen erhalten möchte, sollte deshalb besser die **Bernauer Straße** am Rand des Bezirkes Mitte besuchen. Hier ist ein kurzes Teilstück der ganzen Grenze erhalten und zum Denkmal erweitert worden. Der Eingang befindet sich an der Ecke zur **Ackerstraße**. Zum ganzen Ensemble »Gedenkstätte Berliner Mauer« gehören außerdem die »Kapelle der Versöhnung« in der **Bernauer Straße 4,** die an die 1985 von den Ostberliner Behörden gesprengte »Versöhnungskirche« erinnert, und

Die Mauer in der Bernauer Straße verlief auch durch den Friedhof der Elisabeth-Kirch-Gemeinde. Heute befindet sich hier einer der wenigen original erhaltenen Grenzabschnitte der Berliner Innenstadt.

In der Bernauer Straße gehörten die Häuser zum Osten, die Straße aber bereits zum Westen, so daß es hier unmittelbar nach dem 13. August 1961 zu zahlreichen spektakulären Fluchten kam.

das »Dokumentationszentrum Berliner Mauer« in der **Bernauer Straße 111,** in dem seit 1999 die Geschichte des Mauerbaus und der deutschen Teilung erforscht und dokumentiert werden. Im Buchladen des Dokumentationszentrums werden u. a. Berlin-Stadtpläne vertrieben, auf denen der gesamte Verlauf der heute verschwundenen Mauer in Berlin verzeichnet ist.

Das Ensemble »Gedenkstätte Berliner Mauer« selbst befindet sich an einem historischen Ort. Im August 1961 gehörten die Häuser auf der südöstlichen Seite der Bernauer Straße zur DDR, ihre Bürgersteige jedoch zum westlichen Teil der Stadt. Bis es dem Regime nach Schließung der Grenze gelungen war, alle Eingänge und Fenster der Häuser zuzumauern, war die Straße Schauplatz halsbrecherischer und teilweise auch tödlicher Fluchten, deren Bilder um die ganze Welt gingen. Einige dieser damals aufgenommenen Bilder der Fenstersprünge in die Freiheit werden im »Dokumentationszentrum Berliner Mauer« laufend an die Wand projiziert. Später wurden die

Die DDR-Behörden ließen ab September 1961 die Fenster der Häuser im Grenzbereich zunächst vermauern und dann weitgehend abreißen. Die Wände des Erdgeschosses blieben stehen und bildeten zeitweilig die Mauer.

Häuser auf der Südostseite der Straße völlig abgerissen.

In den ersten Jahren nach dem Mauerbau gelang in der Bernauer Straße auch mehrfach der Bau von Fluchttunneln. An solchen Tunnelbauten waren viele Studenten der Freien Universität aus Westberlin beteiligt, von denen eine große Anzahl aus der DDR weggegangen waren. Die Freie Universität Berlin (FUB) selbst war 1948 von Studenten mitgegründet worden, die sich gegen die Zensur an der Humboldt-Universität in Ostberlin zur Wehr setzten. Der bekannteste dieser Ex-DDR-Studenten an der FUB, die sich »Abhauer« nannten, war der spätere Kopf der Studentenbewegung und des Sozialistischen Deutschen Studentenbundes (SDS) Rudi Dutschke. Er stammte aus Luckenwalde und floh am 10. August 1961. In Westberlin studierte er Soziologie. Auch er beteiligte sich in der Woche nach dem 13. August an Protestaktionen gegen die Mauer. Mit einem Seil versuchten er und ein paar Freunde die Mauer einzureißen. Der Versuch misslang. Dutschkes Grab – er

starb 1979 – findet man übrigens auf dem Friedhof der St. Annenkirche an der Ecke **Pacelliallee** und **Königin-Luise-Straße** in Berlin-Dahlem.

Es sind jedoch nicht nur die spektakulären Ereignisse des Mauerbaus und der Fluchtaktionen, die den Besucher im »Dokumentationszentrum Berliner Mauer« in ihren Bann schlagen. Beeindruckend sind auch die im Lesearchiv festgehaltenen, ganz individuellen Geschichten, die das Leben in der DDR und gegen die Mauer dokumentieren.

Hier finden sich auch Berichte über die Toten an der Mauer. Bereits am 24. August 1961 wurde in Berlin der erste Flüchtling, Günter Litfin, erschossen. Ein Jahr später, am 17. August 1962, verblutete unter den Augen der DDR-Grenzschützer der angeschossene Flüchtling Peter Fechter. Seine Hilferufe waren auf beiden Seiten der Mauer eine ganze Stunde lang zu hören, aber es kam ihm niemand zu Hilfe. In Westberlin kam es daraufhin mehrere Tage lang zu heftigen und handgreiflichen Demonstrationen. Ein Denkmal für Peter Fechter

Mauerreste mit Graffiti am Rande der Gedenk-stätte in der Bernauer Straße.

findet man heute noch in der Zimmerstraße in Berlin-Kreuzberg.

Bis Ende August 1961 wurden allein in Ost-berlin 2 192 Menschen wegen Protesten gegen den Mauerbau festgenommen und 691 von ih-nen für längere Zeit inhaftiert. Unmutsäuße-rungen gegen den Mauerbau gab es zwischen 1961 und 1989 immer wieder, wenn sie auch in den 70er Jahren seltener wurden. Die Mauer war zu einer unumstößlichen »Realität« gewor-den. Dramatisch war ein Ereignis am 7. Okto-ber 1977. Im Anschluss an ein Rock-Konzert auf dem Alexanderplatz hatte es Sprechchöre wie »Die Mauer muss weg« und »Freiheit, Freiheit« gegeben, ein Polizeieinsatz hatte dar-auf zu einer Massenpanik geführt. Dabei ka-men drei Jugendliche zu Tode, sie waren von der Menschenmenge totgetrampelt worden.

Die besten Untersuchungen zur Entwick-lung von Flucht und Ausreise, die zur Zeit er-hältlich sind, stammen von dem DDR-Flücht-ling Bernd Eisenfeld. Nach vielen öffentlichen Protestaktionen und einer zweieinhalbjähri-gen Haft – er hatte gegen den Einmarsch der

Warschauer-Pakt-Truppen in die ČSSR protes-tiert – konnte er 1975 seine Übersiedlung er-reichen. Heute arbeitet er als Forscher in der Gauck-Behörde.

Insgesamt – so Eisenfeld – kamen ca. 1 000 Menschen bei dem Versuch um, die DDR auf dem einen oder anderen Weg zu verlassen. 239 von ihnen wurden allein an der Berliner Mauer getötet. Zwischen dem Mauerbau 1961 und der Maueröffnung 1989 gelangten rund 40 000 Menschen über Berlin und seine Umgebung aus der DDR in die Bundesrepublik, 300 000 Flüchtlinge waren es insgesamt, 38 000 von ih-nen unter unmittelbarer Gefahr für Leib und Leben. Ein großer Teil von ihnen blieb jedoch während einer offiziell genehmigten Reise in der Bundesrepublik. Etwa 33 000 Häftlinge wurden von der Bundesrepublik bis 1989 frei-gekauft. Allein 75 000 Flüchtlinge gerieten beim Fluchtversuch in die Hände der Sicher-heitsorgane. Unter ihnen 4 000 Menschen, die den Versuch unternahmen, über die Ostsee zu entkommen, 25 000 wurden an der Grenze zu Drittstaaten festgenommen. Von den ca. 88 000 politischen Häftlingen, die es in der DDR zwi-schen 1965 und 1988 gab, waren rund 57 000 Fluchtwillige.

Die Fluchtbewegung und der Freikauf allein zeigen jedoch noch nicht das ganze Ausmaß der inneren Erosion der DDR nach dem Mau-erbau. Indikatoren sind ebenfalls die Anträge auf Ausreise, die in der DDR, nach deren Bei-tritt zur UNO 1973, immer häufiger gestellt wurden. Zwar hat sich die DDR bis 1988 ge-weigert, die von ihr selbst 1975 im Abschluss-dokument der Konferenz für Sicherheit und Zusammenarbeit in Europa (KSZE) unterzeich-neten Rechte, die u. a. die freie Wahl des Wohn-ortes garantierten, in geltendes Recht umzu-wandeln. Die Bewegung der »Ausreiser« war jedoch nicht aufzuhalten. Sie stieg von Jahr zu Jahr. Wer bis 1983 trotz Zurückweisung auf dem Recht seiner Ausreise beharrte, wurde als »rechtswidriger Antragsteller« bezeichnet, da-nach hieß er »Übersiedlungsersuchender«. Al-lein seit Mitte der 80er Jahre bis Oktober 1989 waren dies insgesamt ca. 250 000 Menschen.

In dieser Zeit lassen sich etwa 20 000 Ermittlungsverfahren gegen Antragsteller verzeichnen, die zumeist mit Gefängnisstrafen endeten. Auch die hin und wieder von der DDR als »Ventil« benutzten großen Ausreisewellen schwächten den Strom nicht ab. Im Gegenteil, sie beförderten sogar noch die Antragstellungen, trotz der Schikanen, die damit verbunden waren. Zentren solcher Ausreisebegehren waren Dresden, Karl-Marx-Stadt (heute: Chemnitz) und Ostberlin.

Seit Mitte der 70er Jahre gingen die »Ausreiser« auch zu symbolischen Aktionen über, um auf ihre Anliegen aufmerksam zu machen. 1984 z. B. besetzten rund 600 flucht- und ausreisewillige Bürger die »Ständige Vertretung der Bundesrepublik Deutschland« – sie befand sich an der Ecke Friedrichstraße und Hannoversche Straße – und die Botschaften anderer westlicher Staaten in Ostberlin. Viele konnten damit ihre Ausreise erzwingen. Im Jahr 1988 war das Ministerium für Staatssicherheit der Auffassung, dass die Anzahl von »Ausreisern« in der ganzen DDR weit höher zu veranschla-

gen sei als das Potential derjenigen, die in Gegnerschaft zur SED die DDR reformieren wollten.

Ganz und gar nicht mehr symbolisch agierten am 9. November 1989 die DDR-Bürger, die am Grenzübergang Bornholmer Straße – nicht sehr weit nördlich von der Bernauer Straße gelegen, dort, wo die Bornholmer Straße die S-Bahn überquert – durch sanften, aber steten Druck die Grenzposten zum Nachgeben zwangen. Die Grenze war offen. Sie hatte die DDR fast 30 Jahre zusammengehalten, der Zusammenbruch der kommunistischen Diktatur war lediglich – für manchen jedoch viel zu lange – 30 Jahre verzögert worden.

Weiterführende Literatur:
Bernd Eisenfeld: Fluchtbewegung und Ausreisebewegung. In: Hans-Joachim Veen (Hrsg.): Lexikon – Opposition und Widerstand in der SED-Diktatur. Berlin 2001; Thomas Flemming: Die Berliner Mauer. Grenze durch eine Stadt. Berlin 2000; Jürgen Ritter/Peter Joachim Lapp: Die Grenze. Ein innerdeutsches Bauwerk. Berlin 1999; Maria Nooke: Der verratene Tunnel. Geschichte einer verhinderten Flucht im geteilten Berlin. Bremen 2002.

Dokumentationszentrum Berliner Mauer
Bernauer Straße 111
13355 Berlin
Tel.: 464 10 30
E-Mail:
info@berliner-mauer-dokumentationszentrum.de
Internet:
www.berliner-mauer-dokumentationszentrum.de
Öffnungszeiten: Mittwoch–Sonntag 10–17 Uhr
Gruppenführungen werden auf Anfrage angeboten
Öffentliche Führung zum Ensemble »Gedenkstätte Berliner Mauer«: Samstag und Sonntag jeweils um 11 und 14 Uhr
Verkehrsverbindung: Nahe bei der Gedenkstätte ist der U-Bahnhof (U8) Bernauer Straße. Von dort aus muss man die Bernauer Straße nur ein kurzes Stück in westlicher Richtung entlang laufen.

Reststück der Berliner Mauer
c/o Stiftung Topographie des Terrors
Niederkirchnerstraße 8
10963 Berlin
Tel.: 25 48 67 03
Sekretariat: info@topographie.de

Anmeldung von Führungen:
ausstellung@topographie.de
Internet: www.topographie.de
Öffnungszeiten: Oktober–April: 10–18 Uhr
Mai–September: 10–20 Uhr
Verkehrsverbindung: Ganz in der Nähe befindet sich der S-Bahnhof (S1, S2, S25) Anhalter Bahnhof. Von dort aus läuft man die Stresemannstraße ein kurzes Stück in nördlicher Richtung und biegt dann rechts in die Niederkirchnerstraße ein.

Grab von Rudi Dutschke
St. Annenkirche und Friedhof
Königin-Luise-Straße 55
14195 Berlin
Verkehrsverbindung: Ganz in der Nähe befindet sich der U-Bahnhof (U1) Dahlem-Dorf. Von dort aus läuft man die Königin-Luise-Straße ein kurzes Stück in westlicher Richtung bis zur Kreuzung Pacelliallee. Dort befindet sich die St. Annenkirche.

Haus der Demokratie und Menschenrechte

1989: Die (unvollendete?) Revolution

Wer heute in der **Greifswalder Straße 4** vor dem »Haus der Demokratie und Menschenrechte« steht, ahnt nicht mehr, welche Mühen und welche List es erforderte, diesen Ort zu erkämpfen (und erst recht, ihn auch zu erhalten). Der Treffpunkt von Nichtregierungsorganisationen (NGOs) aller Art befindet sich auch nicht mehr an dem Platz, an dem er in der Revolution 1989 entstanden ist. Wer in die Hofeinfahrt tritt, erkennt zwar an der großen Tafel mit den vielen Hinweisen auf die Nutzer

Die Toreinfahrt zum heutigen Haus der Demokratie in der Greifswalder Straße in Prenzlauer-Berg.

des Zentrums gleich, worum es geht: Menschen- und Bürgerrechtsgruppen haben hier ihre Räume gefunden. Ausstellungen, Vorträge und Debatten jenseits des Spektrums der großen politischen Parteien finden hier täglich statt. Wer etwas von den Ideen des Umbruchs 1989 verstehen will, sollte unbedingt einmal eine entsprechende Veranstaltung besuchen.

Im Café, direkt neben der Hofeinfahrt, findet man zwar immer das aktuelle Veranstaltungsprogramm (es lässt sich auch auf der Internetseite ansehen), Hinweise zur Vorgeschichte des Zentrums erhält man jedoch auch hier nur spärlich. Diese Vorgeschichte begann in dem Moment, als die friedliche Revolution 1989 tatsächlich zu einer »friedlichen« Revolution wurde. Dies stand zunächst überhaupt nicht fest. Lange Zeit – bis Oktober 1989 – war die SED nicht bereit, ihre Gegner zu respektieren oder gar mit ihnen zu verhandeln. Erst als sie diesen Schritt vollzogen hatte, konnte das »Haus der Demokratie« entstehen. Es befand sich damals nicht in der Greifswalder Straße, sondern in der Friedrichstraße 165, in den Räumen der damaligen SED-Kreisleitung Berlin-Mitte.

Im Sommer und Herbst 1989 agierten verschiedene oppositionelle Gruppen mit unterschiedlichen Zielvorstellungen: Sozialdemokratische Partei (SDP), Demokratischer Aufbruch (DA), Demokratie Jetzt (DJ), Grüne Partei (GP), Vereinigte Linke (VL), Grüne Liga (GL), Unabhängiger Frauenverband (UFV) und die bereits 1986 gegründete Initiative Frieden und Menschenrechte (IFM). Die größte unter ihnen, das Neue Forum, war am 9. September 1989 entstanden und hatte gleichzei-

Mit der Protestdemonstration von nahezu einer Million Menschen am 4.11.1989 für Vereinigungs-, Versammlungs- und Pressefreiheit wurde u.a. auch die Zulassung oppositioneller Gruppen erkämpft.

tig einen Antrag auf Zulassung als politische Organisation gestellt. Der war von der SED gleich zurückgewiesen worden. »Die Situation im Herbst 1989« – erinnert sich Klaus Wolfram, heute Vorstandsvorsitzender der Stiftung »Haus der Demokratie und Menschenrechte« und damals Mitarbeiter des Neuen Forum – »war zunächst dadurch gekennzeichnet, dass alle Oppositionsgruppen nur in Wohnzimmern oder allenfalls in einzelnen Kirchenräumen arbeiten konnten. Als diese Gruppen plötzlich an der Spitze großer Mehrheitsbewegungen standen, leuchtete jedem ein, dass Arbeitsräume gebraucht werden.« Die Legalisierung des Neuen Forums erfolgte am 8. November 1989, und das Haus der Demokratie konnte am 10. Januar 1990 bezogen werden, nachdem zur Jahreswende die SED-PDS die Räume freigegeben hatte.

Der eigentliche Durchbruch zur friedlichen Revolution gelang bereits am 9. Oktober in Leipzig. 70 000 Demonstranten erzwangen ge-

gen ein immenses Polizei- und Militäraufgebot eine friedliche Großdemonstration rings um die Innenstadt. Zwei Nächte vorher, am 7. und 8. Oktober, hatte Ostberlin noch eine Knüppelorgie der Polizei erlebt. Seit dem 9. Oktober erlebten alle großen Städte der DDR riesige friedliche Demonstrationen und leidenschaftliche Bürgerforen, auf denen über die Veränderung der DDR gestritten wurde. Die größte Demonstration fand am 4. November 1989 auf dem Alexanderplatz in Berlin statt. Weit über 500 000 Menschen versammelten sich hier, um für Presse-, Reise- und Versammlungsfreiheit zu demonstrieren.

Seit dem Rücktritt von SED-Chef Honecker am 18. Oktober stand der Weg zu Verhandlungen zwischen SED und Opposition offen. Nach dem Modell der Opposition aus Polen, die bereits im Sommer 1989 die Kommunistische Partei zu Verhandlungen an einen Runden Tisch gedrängt hatte, um einen Bürgerkrieg zu vermeiden, forderten DDR-Bürgerrechtler

Anfang Dezember 1989 sah sich die Regierung gezwungen, mit den neu entstandenen Oppositions-kräften an einen »Runden Tisch« zusammenzutreffen und diese zwei Monate auch später ins Kabinett aufzunehmen (Foto: erstes Treffen am 7.12.1989 im Dietrich-Bonhoeffer-Haus).

nun ebenfalls die Einrichtung einer solchen Übergangsinstitution, um die nicht mehr legitimierte, aber noch amtierende Übergangsregierung zu kontrollieren und um über die Demokratisierung der DDR zu verhandeln. In verschiedenen Bezirken des Landes begannen bereits im November 1989 Runde Tische zu arbeiten. Der »Zentrale Runde Tisch« in Berlin nahm seine Arbeit am 7. Dezember 1989 auf. Zunächst tagte man, unter der Moderation der protestantischen und katholischen Kirche, im Dietrich-Bonhoeffer-Haus in der **Ziegelstraße 30**, später im Schloss Niederschönhausen in der Ossietzkystraße. Am Schloss in Niederschönhausen erinnert heute nichts an die Verhandlungen des Runden Tischs. Das Bonhoeffer-Haus, benannt nach dem evangelischen Theologen Dietrich Bonhoeffer, der wegen Beteiligung am Attentat des 20. Juli gegen Hitler am 9. April 1945 hingerichtet wurde, erwähnt den Runden Tisch zumindest auf seiner Homepage im Internet.

Bereits in der zweiten Sitzung dieses Gremiums, am 14. Dezember 1989, wurde ein Beschluss gefasst, dass den neuen Gruppen kostenlos ein Haus zur Verfügung gestellt werden sollte, was dann am 10. Januar 1990 in die Tat umgesetzt wurde.

Die Geschichte des Hauses der Demokratie wäre an dieser Stelle bereits zu Ende erzählt, wenn der Umbruch in der DDR die Revolution geworden wäre, die sich viele DDR-Bürgerrechtler damals erhofft hatten. Ein Großteil von ihnen setzte auf eine basisdemokratische Reform des real existierenden Sozialismus, manche sogar auf eine Räte-Revolution. Mehrheitlich war man für eine Reform der DDR und nicht für die schnelle Einführung privatkapitalistischer Verhältnisse mit dem Verkauf aller Staatsbetriebe und der Rückübertragung des Immobilieneigentums an die früheren Besitzer im Westen.

Anlass zu dieser Hoffnung gab es genug. Nach der Enteignung der SED und der Auflösung des Ministeriums für Staatssicherheit gelang es den rebellierenden Bürgern, die alten Machtmechanismen weitgehend zu zerstören und neue Strukturen zu etablieren. Für einen kurzen Moment schien ein ganz neuer Weg jenseits von konzerngeprägtem Kapitalismus und autoritärem Sozialismus offen zu stehen. Gedacht war an eine dezentral organisierte, demokratische Gesellschaft, in der sich die Bürger möglichst umfassend selbst mit einbringen können.

Es kam jedoch anders. Die Mehrheit der Bürger der DDR verhalf in den ersten freien Wahlen der DDR, am 18. März 1990, jenen Parteien zur Mehrheit, die einen raschen Zusammenschluss mit der Bundesrepublik zu ihrem politischen Programm gemacht hatten. Die Bürgerbewegungen, die die Revolution angestoßen hatten, blieben dagegen unter fünf Prozent. »Bärbel Bohley, eine der Initiatorinnen des Neuen Forums« – erinnert sich Klaus Wolfram –, »sprach damals den klaren Satz: Jetzt kommt der Kapitalismus, da zählt nur noch Eigentum. Wir müssen zu Gregor Gysi« – damals der gerade frisch gewählte Vorsitzende der SED, die sich in SED/PDS umbenannt hatte und heute nur noch PDS (Partei des Demokratischen Sozialismus) heißt –, »er soll uns das Haus der Demokratie schenken.«

Eine solche Schenkung sagte die PDS tatsächlich zu. Da am 18. Mai 1990 vorerst nur ein unbefristeter Nutzungsvertrag zustande kam, die eigentlich vorgesehene Übereignung des Hauses nicht sofort erfolgen konnte, begann eine mehrjährige Odyssee von Verhandlungen, an deren Ende die Gruppen 1999 schließlich in das große Gebäude in der **Greifswalder Straße** umzogen. Als die Eigentumsübertragung nämlich stattfinden sollte, hatte das neu gewählte Parlament der DDR bereits

Im Dezember 1989 erhielten die Oppositionsgruppen zunächst das Gebäude der ehemaligen SED-Kreisleitung Berlin-Mitte in der Friedrichstraße als gemeinschaftliches Bürogebäude.

Nach dem Umzug 1999 in das neue Gebäude wurde das »Haus der Demokratie und Menschenrechte« auch Anlaufpunkt für zahlreiche Bürgerrechtsgruppen aus dem Westteil der Stadt.

jede Vermögensveräußerung der DDR-Parteien und Organisationen untersagt und eine Kommission eingesetzt, die deren Vermögen überprüfte.

Nun meldeten Alteigentümer des Hauses ihre Ansprüche an, u. a. auch eine Nachfolgefirma der »Hermann-Göring-Werke«. Später wollte der Deutsche Beamtenbund das Haus erwerben. Für die Gruppen hatte das Haus neben dem praktischen Nutzen natürlich auch einen Symbolwert. Auf die Lösung, z. B. Mieter in dem Haus zu werden, wollte man sich nicht einlassen: »Das wäre« – so Klaus Wolfram – »genauso ein peinlicher Ausgang gewesen wie bei der Revolution 1848: Erst fängt das Volk an zu handeln und dann lassen sich seine Vertreter in der Paulskirche die Bedingungen diktieren.«

Schließlich erwarb der Beamtenbund das Haus in der Friedrichstraße. Da jedoch der Nutzungsvertrag der Gruppen noch gültig war, eine rechtliche Klärung zwischen dem Neueigentümer und den Gruppen sich über Jahre hingezogen hätte, bezahlte der Beamtenbund neun Millionen DM, mit denen sich die Gruppen ein eigenes Haus in der Greifswalder Straße kaufen konnten. Dort zogen sie im September 1999 ein. Damit konnten alle

leben. »Wir waren ja nicht scharf auf endlose Grabenkämpfe, bei denen man nicht zur politischen Arbeit kommt«, so Klaus Wolfram.

Der Umzug bedeutete jedoch gleichzeitig eine Erweiterung des politischen Profils des Hauses. Schon während der Auseinandersetzungen um das »Haus der Demokratie« hatten die Gruppen sich mit einer Initiative aus Westberlin zusammengetan, die ein »Haus der Menschenrechte« einrichten wollte. Zu dieser Initiative gehörte u. a. »Amnesty International«. Deshalb heißt das neue Zentrum jetzt »Haus der Demokratie und Menschenrechte«. »Inzwischen sind Bürgerrechtserfahrung (Ost) und Menschenrechtserfahrung (West) unter einem Dach. Da wollen wir doch mal sehen, ob von solch einem Zusammenschluss nicht doch längerfristig eine politische Bedeutung ausgeht.«

Weiterführende Literatur:
Hannes Bahrmann/Christoph Links: Chronik der Wende. Berlin 1999; Peter Förster/Günter Roski: DDR zwischen Wende und Wohl. Meinungsforscher analysieren den Umbruch. Berlin 1990; Gerhard Rein (Hrsg.): Die Opposition in der DDR. Berlin 1989; Uwe Thaysen: Der Zentrale Runde Tisch der DDR. Wortprotokolle und Dokumente. Opladen 2000.

Haus der Demokratie und Menschenrechte
Greifswalder Straße 4
10405 Berlin
Tel.: 2 04 35 06
E-Mail: kontakt@hausderdemokratie.de
Internet: www.hausderdemokratie.de

Verkehrsverbindung: Am Alexanderplatz steigt man in die Straßenbahnen 2, 3 oder 4 und fährt zwei Stationen bis zur Haltestelle Am Friedrichshain. Die Haltestelle befindet sich direkt vor dem »Haus der Demokratie und Menschenrechte«. Es ist auch möglich, mit dem Bus 142, 200 oder 257 dorthin zu gelangen.

Dietrich-Bonhoeffer-Haus
Ziegelstraße 30
10117 Berlin
Tel.: 28 46 71 86
Internet:
http://www.eku-online.de/einrichtungen/dbh.html

Verkehrsverbindung: Vom Bahnhof Friedrichstraße läuft man die Friedrichstraße in nördlicher Richtung, überquert die Weidendammer Brücke und biegt kurz danach rechts in die Ziegelstraße ein.

Brandenburger Tor

1989/90: Der Fall der Mauer und die neue Republik

Am 22. Dezember 1989 war es endlich soweit: Das Brandenburger Tor wurde wieder geöffnet. 100 000 Menschen aus Ost- und Westberlin begleiteten mit brausendem Beifall den symbolischen Akt. Bereits in der Nacht vom 9. auf den 10. November, dem eigentlichen Tag der Maueröffnung, hatten Berliner von beiden Seiten der Stadt die Grenzanlagen rund um das Tor besetzt und auf der Mauerkrone getanzt. Die Bilder gingen um die Welt. Nach wochenlangem Ringen durchschritten nun der Kanzler der Bundesrepublik, Helmut Kohl, und der Ministerpräsident der DDR-Übergangsregierung, Hans Modrow, gemeinsam das Tor.

Die Vereinigung der beiden deutschen Staaten, lange Jahre völlig von der politischen Agenda der europäischen Nachkriegsordnung verschwunden, war plötzlich nur noch eine Frage der Zeit. Das Brandenburger Tor am **Pariser Platz**, seit 1961 Symbol der Teilung der Stadt, verwandelte sich seit dem 9. November in das Symbol der Einheit der Deutschen.

Das Torgebäude war am 6. August 1791 als

Das Wahrzeichen Berlins nach der Renovierung im Sommer 2002.

Unmittelbar nach der Grenzöffnung am 9.11.1989 zog es Zehntausende zum Brandenburger Tor, wo sie die breite Mauerkrone besetzten.

einfaches Stadttor nüchtern dem Kutschenverkehr übergeben worden. Sein Architekt Carl Gotthard Langhans hatte es als »Friedenstor« geplant. Nach der Niederlage Preußens im Krieg gegen Frankreich marschierte 1806 Napoleon durch dieses Tor und ließ Schadows »Quadriga« darauf – ein von vier Pferden gezogener Streitwagen mit einer Siegesgöttin, die den preußischen Adler und das eiserne Kreuz trägt – in den Louvre nach Paris transportieren. Nach dem Sieg der Deutschen über Napoleon in der Völkerschlacht bei Leipzig 1813 wurde die »Quadriga« wieder nach Berlin zurückgebracht und am 7. August 1814 unter dem Jubel der Berliner erneut enthüllt.

Das Brandenburger Tor erlebte nach dem Deutsch-Französischen Krieg und der sich daran anschließenden Gründung des Deutschen Reiches 1871 eine siegestrunkene Parade. Auch zu Beginn des von Deutschland verursachten Ersten Weltkrieges, im August 1914, zogen die abmarschierenden Truppen hier hindurch. Am Abend des 30. Januar 1933,

Adolf Hitler war gerade zum Reichskanzler ernannt worden, wogten mehrere Stunden lang Kolonnen nationalsozialistischer SA durch das Tor. Das Bauwerk ist somit ganz eng mit jenem verhängnisvollen deutschen Sonderweg verbunden, an dessen Ende die nationalsozialistische Herrschaft, der Zweite Weltkrieg, die barbarische Besetzung großer Teile Europas und die Vernichtung der europäischen Juden standen. Bis heute ist es ein sehr problematisches Symbol, gerade deshalb jedoch ein wichtiger Denkort.

Im Frühjahr 1945 war das Tor beschädigt und die »Quadriga« zerstört, an ihrer Stelle wehte eine rote Fahne. Schon am 9. September 1948 versuchten aufgebrachte Berliner, in Reaktion auf die Sprengung der Berliner Stadtverordnetenversammlung durch kommunistische Demonstranten, die rote Fahne vom Tor zu holen. Ein Jugendlicher wurde dabei getötet. Am 17. Juni 1953 stürmten Demonstranten das Tor erneut und ersetzten die rote Fahne kurzfristig durch eine schwarzrotgoldene.

1956 entschlossen sich die DDR-Behörden,

Seit 1990 findet unter dem Brandenburger Tor alljährlich die größte Silvesterparty Europas mit mehreren hunderttausend Teilnehmern statt (Aufnahme von 1995).

die »Quadriga« erneut aufzustellen. Nach den in Westberlin lagernden Gipsabdrücken des Originals wurde eine Kopie in Kupfer erstellt. Im September jenen Jahres wurde die »Quadriga« erneut auf das Tor gehievt, den preußischen Adler und das Eiserne Kreuz ließen die Ostberliner Behörden jedoch demontieren. 1961 wurde das Bauwerk an der Trennlinie von Ost- zu Westberlin eingemauert und damit zum Symbol der Teilung der Stadt und des Landes. Erst 28 Jahre später verwandelte es sich erneut, nun in ein Symbol der Einheit.

In der Silvesternacht 1989/90 erlebte das Brandenburger Tor ein riesiges Neujahrsfest. Mehr als eine Million Menschen feierten dort mit Sekt und Feuerwerk den Beginn einer neuen Ära. Einige erkletterten in ihrem Übermut sogar das Brandenburger Tor und brachen Teile aus der »Quadriga« als Souvenir heraus.

Mit den Festen am Brandenburger Tor im Dezember 1989 war die Entscheidung über die deutsche Einheit jedoch keineswegs schon klar. Die Sowjetunion gab erst Ende Januar 1990 zu erkennen, dass sie prinzipiell bereit war, die Regelung der außenpolitischen Fragen einer deutschen Vereinigung vom Beginn eines Vereinigungsprozesses in Deutschland selbst abzukoppeln. Seit Anfang Februar war dann die Formel von den so genannten »2 + 4«-Gesprächen im Umlauf. Repräsentanten beider deutscher Staaten sollten gemeinsam mit den vier alliierten Siegermächten des Zweiten Weltkrieges alle außenpolitischen Fragen erörtern. So geschah es dann auch im Verlauf der nächsten Monate. Die Einigung beider deutscher Staaten war eingebettet in eine völlige Umgestaltung der europäischen Nachkriegsordnung.

Mit diesem Positionswechsel der Sowjetunion hatten die Machthaber in der DDR nicht gerechnet. Sie konnten lange nicht glauben, dass Michail Gorbatschow einen Teil der sowjetischen Machtsphäre in Europa preisgeben würde. Die Entscheidung in Moskau jedoch fiel, als klar wurde, dass die DDR für einen längeren Reformprozess ökonomische Unterstützung aus Moskau benötigt hätte, die nicht vorhanden war. Die Sowjetunion setzte

Das Gelände zwischen Brandenburger Tor und Reistag wurde während der Verpackungsaktion von Christo und Jeanne-Claude 1995 zu einem großen Volksfest-Areal.

daher auf finanzielle Unterstützung aus dem Westen und akzeptierte ein Zusammengehen mit der Bundesrepublik.

Damit war den SED-Machthabern die letzte Lebensversicherung genommen. Das Vertrauen der Bevölkerung hatten sie ohnehin verloren, nun büßten sie auch noch die Unterstützung ihres Gründungspaten und wichtigsten außenpolitischen Verbündeten ein. Viele Menschen in der DDR nahmen den neuen Kurs dagegen begeistert auf. Helmut Kohl wurde während seiner Wahlkampfreisen durch den Osten mit den Rufen »Deutschland, Deutschland …« begrüßt. Ein Meer von schwarzrotgoldenen Fahnen unterstrich zumeist, was die Mehrheit wollte: eine rasche Vereinigung beider deutscher Staaten.

Entsprechend fielen die ersten freien Wahlen in der DDR am 18. März aus. Die CDU der DDR, die aus der Blockpartei CDU hervorgegangen war und zusammen mit einigen kleineren Gruppen die »Allianz für Deutschland«

formiert hatte, erlangte einen überraschend deutlichen Sieg mit 40,6 % der Stimmen. Sie hatte sich mit CDU-Politikern aus der Bundesrepublik im Rücken am stärksten für eine rasche Vereinigung ausgesprochen. Die PDS, ehemals SED, erzielte noch 16,3 % der Stimmen, in Ostberlin sogar 30 %. Die SPD, die aus der Bürgerrechtsgruppe SDP hervorgegangen war und sich inzwischen in SPD umbenannt hatte, um ihren geplanten Zusammenschluss mit der SPD (West) in einem vereinten Deutschland zu signalisieren, erreichte landesweit 21,8 %. Die Bürgerrechtsgruppen, die sich zum »Bündnis 90« zusammenschlossen, kamen lediglich auf 2,9 %. Sie hatten sich deutlich für einen langsamen Weg zur deutschen Einheit ausgesprochen und wollten, dass sich beide Staaten aufeinander zu reformieren.

Doch die DDR existierte von diesem Zeitpunkt ab nur noch wenige Monate. Der von den Oppositionsgruppen am »Runden Tisch« ausgearbeitete eigene Verfassungsentwurf kam nicht mehr zum Tragen. Bereits am 1. Juli wurde die »Wirtschafts-, Währungs- und Sozialunion« mit der Bundesrepublik vollzogen. Ab sofort gab es in beiden deutschen Staaten wieder eine einheitliche Währung. Die DDR trat am 3. Oktober 1990 offiziell dem Geltungsbereich des Grundgesetzes der Bundesrepublik bei, das DDR-Parlament hatte sich zuvor aufgelöst, fortan gehörten 144 Abgeordnete aus der DDR dem Bundestag an.

Im September 1990 trat die DDR auch aus dem Warschauer Pakt aus, und das westliche Verteidigungsbündnis NATO dehnte mit Zustimmung der Sowjetunion seinen Zuständigkeitsbereich nach Osten aus. Am 3. Oktober verzichteten die Siegermächte des Zweiten Weltkrieges schließlich auf ihre Vorbehaltsrechte für Berlin und Deutschland als Ganzes. Eine neue Bundesrepublik Deutschland war entstanden, die allerdings bis heute mit dem Prozess der inneren Einheit beschäftigt ist.

Das Brandenburger Tor mit seiner »Quadriga« – der preußische Adler und das Eiserne Kreuz wurden im Zuge der Sanierungsarbeiten wieder eingefügt – ist nun jährlich der Ort für die größte Silvesterparty Europas.

Ein viel eindrucksvolleres Symbol der neuen Republik steht nicht weit entfernt. Vom 24. Juni bis zum 7. Juli 1995 wurde das Reichstagsgebäude am **Platz der Republik**, in dem heute das gesamtdeutsche Parlament tagt, von dem Künstlerehepaar Christo und Jeanne-Claude verhüllt. »Wrapped Reichstag« – verpackter Reichstag – nannten sie ihr Kunstwerk. Für einen kurzen Moment wurde durch die Verhüllung der Gang der politischen Ereignisse angehalten. Besser konnte man die Notwendigkeit von gelegentlichen Denkpausen und der Überprüfung historischer Traditionen nicht symbolisieren.

Weiterführende Literatur:
Michael S. Cullen/Uwe Kieling: Das Brandenburger Tor. Berlin 2000; Michael S. Cullen: Der Reichstag. Berlin 1999; Hans-Hermann Hertle: Chronik des Mauerfalls. Berlin 1995; Christo und Jeanne-Claude: Wrapped Reichstag 1971–1995. New York 1996.

Brandenburger Tor
Pariser Platz
10117 Berlin

Verkehrsverbindung: Das Brandenburger Tor befindet sich in unmittelbarer Nähe des S-Bahnhofs (S1, S2, S25) Unter den Linden.

Bundestag im Reichstagsgebäude
Platz der Republik 1
11011 Berlin
Besucherdienst: Tel.: 227 32 152, Fax: 227 30 027
Internet: www.bundestag.de
Zugang über den Besuchereingang West
Eintritt frei

Öffnungszeiten:
Besichtigung der Kuppel: täglich 8–24 Uhr
(letzter Einlass 22 Uhr)
Besichtigung des Plenarsaales
(wenn keine Plenarsitzungen stattfinden)
mit Informationsvorträgen auf der Tribüne des Plenarsaales jeweils zur vollen Stunde
Montag bis Freitag 9–17 Uhr, Samstag/Sonntag und feiertags 10–16 Uhr

Anmeldung über den Besucherdienst des Deutschen Bundestages ist notwendig, unangemeldete Besucher können nur teilnehmen, wenn Plätze frei bleiben.
Führungen an sitzungsfreien Tagen um 10.30 Uhr, 15.30 Uhr und 19.30 Uhr (max. 25 Personen), Anmeldung dringend erforderlich
Architektur- und Kunstführungen Samstag, Sonntag und feiertags um 11.30 Uhr (max. 25 Personen), Anmeldung dringend erforderlich

Verkehrsverbindung: Das Reichstagsgebäude ist nur ein paar Schritte entfernt vom Brandenburger Tor. Es gibt dort auch eine Bushaltestelle. Die Fahrt dorthin mit dem Bus 100 – Start am Bahnhof Zoo oder Alexanderplatz – ist besonders zu empfehlen. Die Tour hat viele Top-Events von Berlin auf der Strecke.

Bildnachweis

Yvonne de Andrés: S. 9, 13, 16 o., 18, 23, 24 o., 27, 29, 33, 38, 39, 41, 43, 46, 48, 49, 53, 56, 58, 59 o., 62 o., 65, 71, 76, 77, 81, 85, 87, 91, 95, 98, 100, 103 r., 105, 108, 111

Volker Döring: S. 59 u.

Harald Hauswald: S. 68, 93

Jürgens-Foto: S. 19

Eberhard Klöppel: S. 11

Andreas Klug: S. 72 r.

Paul Langrock: S. 73

Hans-Joachim Meyer: S. 97

Roger Melis: S. 88

Bernd Heinz: S. 107

Günter Prust: S. 50

Thomas Sandberg: S. 36

Siegbert Schefke: S. 92

Andreas Schölzel: S. 82, 94, 102

Frank Splanemann: S. 51, 106

Rolf Walter/Domaschk-Archiv: S. 72 l.

Archiv der Sozialen Demokratie: S. 40

Archiv des Verlages: 10, 15, 16, 21, 25, 28, 55, 60, 61, 66, 69, 70, 86, 89, 101, 103 l.

Bundesarchiv/Zentralbild: S. 30, 54, 96

Bundesbeauftragte für die Stasi-Unterlagen: S. 83

Gedenkstätte Hohenschönhausen: S. 78, 79

Gedenkstätte Normannenstraße: S. 75

Landesarchiv Berlin: 24 u., 44, 62 u.

Stiftung »Neue Synagoge Berlin – Centrum Judaicum«: S. 34

Ullstein-Bilderdienst: S. 67

Zum Autor

MARTIN JANDER
Jahrgang 1955, 1974–84 Studium der Germanistik, Geschichtswissenschaften, Soziologie und Politikwissenschaften an der Freien Universität Berlin, 1995 Promotion, 1984–86 Dozent für Gesellschaftspolitik und Geschichte der Gewerkschaftsbewegung an der DGB-Bundesschule in Hattingen, 1987–88 Praktikum beim WDR, seit 1987 auch regelmäßige Mitarbeit in verschiedenen Zeitungen und Zeitschriften, 1989–90 Gewerkschaftssekretär in der Abteilung Bildung beim ÖTV-Hauptvorstand, 1990–95 Wissenschaftlicher Mitarbeiter im Bereich Gewerkschaftsforschung des Zentralinstituts für sozialwissenschaftliche Forschung an der FU Berlin, 1995–2000 Wissenschaftlicher Mitarbeiter im Forschungsverbund SED-Staat der FU Berlin, seit 2001 Aufsätze für verschiedene Lexika zur DDR-Opposition, freier Publizist, Autor und Stadtführer (www.unwrapping-history.de).

Zahlreiche Beiträge in Sammelwerken und Dokumentationen. Buchveröffentlichungen: »Theo Pirker über ›Pirker‹ – ein Gespräch«, Marburg 1988; »Formierung und Krise der DDR-Opposition. Die Initiative für unabhängige Gewerkschaften – Dissidenten zwischen Demokratie und Romantik«, Berlin 1995.

Weitere Berliner Stadtspaziergänge

Dietmar Arnold
Der Potsdamer Platz von unten
Eine Zeitreise durch dunkle Welten
112 S., 36 Farbabb., 70 s/w Abb. u. Karten
Broschur
ISBN 3-86153-241-7
9,90 €; 17,60 sFr

Bunker- und Tunnelexperte Dietmar Arnold nutzt
das ungebrochene Interesse an der im Mauerstrei-
fen neu entstandenen Retortenstadt, um die Besucher für die Geschichte zu sensibilisieren. Er läßt
kein Thema der Infrastruktur- und Stadtentwicklung
aus. Erfreulich, daß Arnold die vielen geheimnisvol-
len Passagen und Bunker keineswegs zu mystifizie-
ren versucht. Auch über »blinde Tunnel und eine
kurzsichtige Verkehrspolitik« allerlei lesenswerte
Anekdoten.   *Die Welt*

Der feuilletonistische, reich bebilderte Gang durch
die Berliner Unterwelt rund um den Potsdamer Platz
löst das gewisse Kribbeln auf der Haut aus, wenn
man Sinn hat, den Hauch der Geschichte zu spüren.
Das Buch ist ein Geschichtskrimi der anderen Art,
der bekannten, aber auch bislang unbeachteten
Spuren folgt und zugleich neue, unlösbare legt.
Ein faszinierendes Bild- und Textbuch über ein ins
Vergessen geratenes Stück Berlin.
                                    Offener Kanal Berlin

Alfred Etzold, Wolfgang Türk
Der Dorotheenstädtische Friedhof
Die Begräbnisstätten an der Berliner Chausseestraße
144 S., 93 Abb., 4 Lagepläne
Broschur
ISBN 3-86153-261-1
12,90 €; 22,70 sFr

Präzise erzählt dieses Büchlein von Personen und
Gräbern. Ein kulturhistorisch spannendes, lehrreiches
und einzigartiges Werk.   *Nordest-Zeitung*

Einzigartige Einblicke in preußische und deutsche
Kulturgeschichte geben die Friedhöfe an der Berliner
Chausseestraße, von denen der Dorotheenstädtische
der mit Abstand berühmteste ist. Ein kleiner Band
fängt nun in Anekdoten, Hintergründen und Fotogra-
fien seine Atmosphäre ein.   *Nordkurier*

Kaum ein zweiter deutscher Friedhof ist solcherart
von ideologisch kontaminierten Biografien durch-
drungen wie dieser an der Berliner Chausseestraße.
Alfred Etzold und Wolfgang Türk besichtigen das
Quartier aus stadt- und kulturhistorischer Sicht.
                                    Mitteldeutsche Zeitung

Ch. Links Verlag, Schönhauser Allee 36, 10435 Berlin, www.linksverlag.de